［改訂２版］

福祉職員キャリアパス対応
生涯研修課程テキスト

はじめに

2007（平成19）年8月、「社会福祉事業に従事する者の確保を図るための措置に関する基本的な指針」が見直され、新たな指針（新福祉人材確保指針）が告示されました。同指針では、福祉・介護サービス分野における人材を確保していくためには、給与水準や労働時間などの「労働環境の整備」とあわせて、福祉・介護サービス従事者の資質向上のための「キャリアアップの仕組みの構築」が重要であるとされました。そして、2016（平成28）年3月の社会福祉法の改正では、新福祉人材確保指針の対象者の範囲が社会福祉事業と密接に関連する介護サービス従事者にも拡大されています。

全国社会福祉協議会では、1998（平成10）年より、高齢者福祉や障害者福祉、児童福祉など福祉の全分野（以下、「福祉」と総称）に共通して求められる能力を開発する研修である福祉職員生涯研修課程の実施・推進を行ってきましたが、上記の指針をふまえて、2008（平成20）年よりキャリアパスに対応した新課程の開発を進めてきました。2013年（平成25）年には、その新課程に沿って標準テキストを作成しました。

2018（平成30）年には改訂版を出版しましたが、この度新しい福祉の潮流に沿ってさらに改訂を行ったのが本書です。

2017（平成29）年と2020（令和2）年に社会福祉法が改正され、これまでの相談者の属性ごとの相談支援体制を包括的なものにしていくこと、福祉人材の確保や業務効率化の一層の推進を図ることなどが求められています。福祉職員には福祉分野にとどまらず地域全体を視野に入れた働きが求められてきています。現状の厳しさのみに目を向けることなく、社会やサービスのあり方、自己の将来の姿を描く自律的な姿勢が求められています。

本書は、福祉職員が自らの歩んできた道を振り返り、また、新たな知識や体験を通して、自らの将来像を描き、職業人生の意味を深め、その価値を高めることをねらいとしています。そのことが自らが働き続けることの力となり、ひいては、福祉人材の確保・定着や利用者サービスの向上につながります。

この間、社会福祉分野の人材確保を巡る状況は一層厳しさを増しており、介護や障害福祉の分野に加えて、児童福祉分野（保育、社会的養護）においても、処遇改善加算の創設・拡充を図るなどの施策が進められています。そして、それらの加算要件として、職員がキャリアアップできる仕組みを整備することが、施設・事業所に求められています。

本課程・テキストの内容は、このような情勢への対応に資するものとなっており、重要性は一層増しているといえます。

本書が、多くの福祉職員に活用され、福祉職員のキャリアパス構築、さらに福祉サービスのよりいっそうの向上に寄与できることを心から願っています。また、本書については、今後もいっそう使いやすいものとしていくため、皆さまのご意見ご要望をお寄せいただきたく存じます。

2021年6月

社会福祉法人　全国社会福祉協議会
福祉職員キャリアパス対応生涯研修課程運営委員会
委員長　　田島　誠一

福祉職員キャリアパス対応生涯研修課程について

1. 福祉職員キャリアパス対応生涯研修課程とは

福祉職員キャリアパス対応生涯研修課程（以下、本課程）とは、高齢者福祉や障害者福祉、児童福祉など福祉の全分野（以下、「福祉」と総称）に共通して求められる能力を開発するための基礎研修として、全国社会福祉協議会が開発したものであり、以下の目的と特徴があります。

●目的

①福祉職員が、自らのキャリアアップの道筋を描き、それぞれのキャリアパスの段階に応じて共通に求められる能力を段階的・体系的に習得することを支援する。
②各法人、事業所が主体的に職員のキャリアパスを整備し、これに沿った職員育成施策を確立・実施することを支援する。

●特徴

①福祉職員のキャリアパスに応じた資質向上を段階的・体系的に図る。
②あらゆる事業種別・職種を横断した福祉職員全般を対象とする。
③研修内容の標準化を図り、全国共通の基礎的研修とする。
④さまざまな研修実施機関・団体が連携して実施する。

2. 受講対象

本課程は、あらゆる事業種別・職種を横断した福祉職員全般を対象としています。さらに、福祉職員を以下の5階層に区分し、それぞれに対応した研修プログラムを設定しています。

階層	想定する受講対象者	教育・研修内容
初任者コース	●新卒入職後３年以内の職員 ●他業界から福祉職場へ入職後３年以内の職員	●サービス提供者、チームの一員としての基本を習得する。 ●福祉職員としてのキャリアパスの方向を示唆する（無資格者には資格取得を奨励する）。
中堅職員コース	●担当業務の独力遂行が可能なレベルの職員 （入職後概ね３～５年の節目の職員）	●中堅職員としての役割を遂行するための基本を習得する。 ●中堅職員としてのキャリアアップの方向を示唆する。
チームリーダーコース	●近い将来チームリーダー等の役割を担うことが想定される中堅職員 ●現に主任・係長等に就いている職員	●チームリーダー等の役割を遂行するための基本を習得する。 ●チームリーダーとしてのキャリアアップの方向を示唆する。
管理職員コース	●近い将来管理者の役割を担うことが想定される指導的立場の職員 ●現に小規模事業管理者・部門管理者等に就いている職員	●管理者としての役割を遂行するための基本を習得する。 ●管理者としてのキャリアアップの方向を示唆する。
上級管理者コース	●近い将来施設長等運営統括責任者の役割を担うことが想定される職員 ●現に施設長等運営統括責任者に就いている職員	●トップマネジメントとしての役割を遂行するための基本を習得する。 ●統括責任者としてのキャリアアップの方向を示唆する。

3. 内容

本課程は、基軸科目、基礎科目、啓発科目、重点科目から構成されています。研修プログラムは、自己学習（事前学習）と面接授業を組み合わせて実施します。

科目概念図

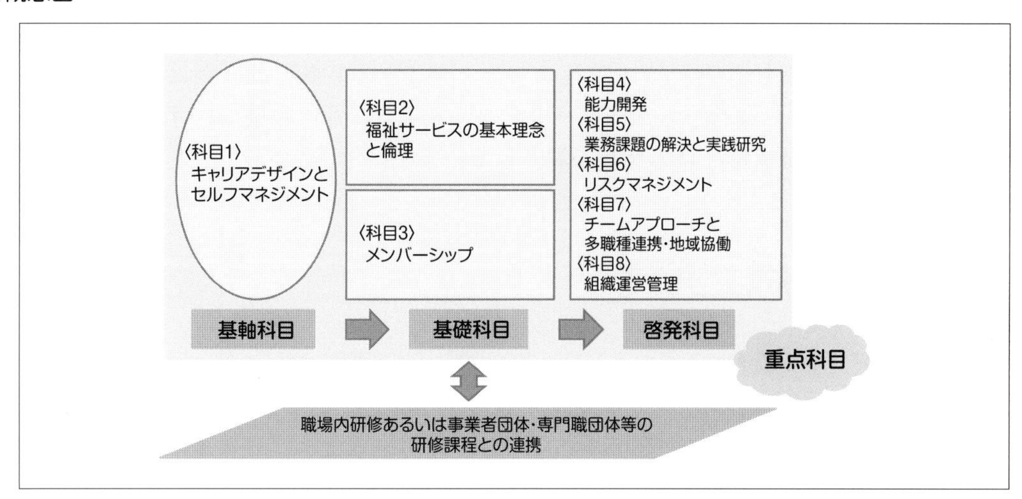

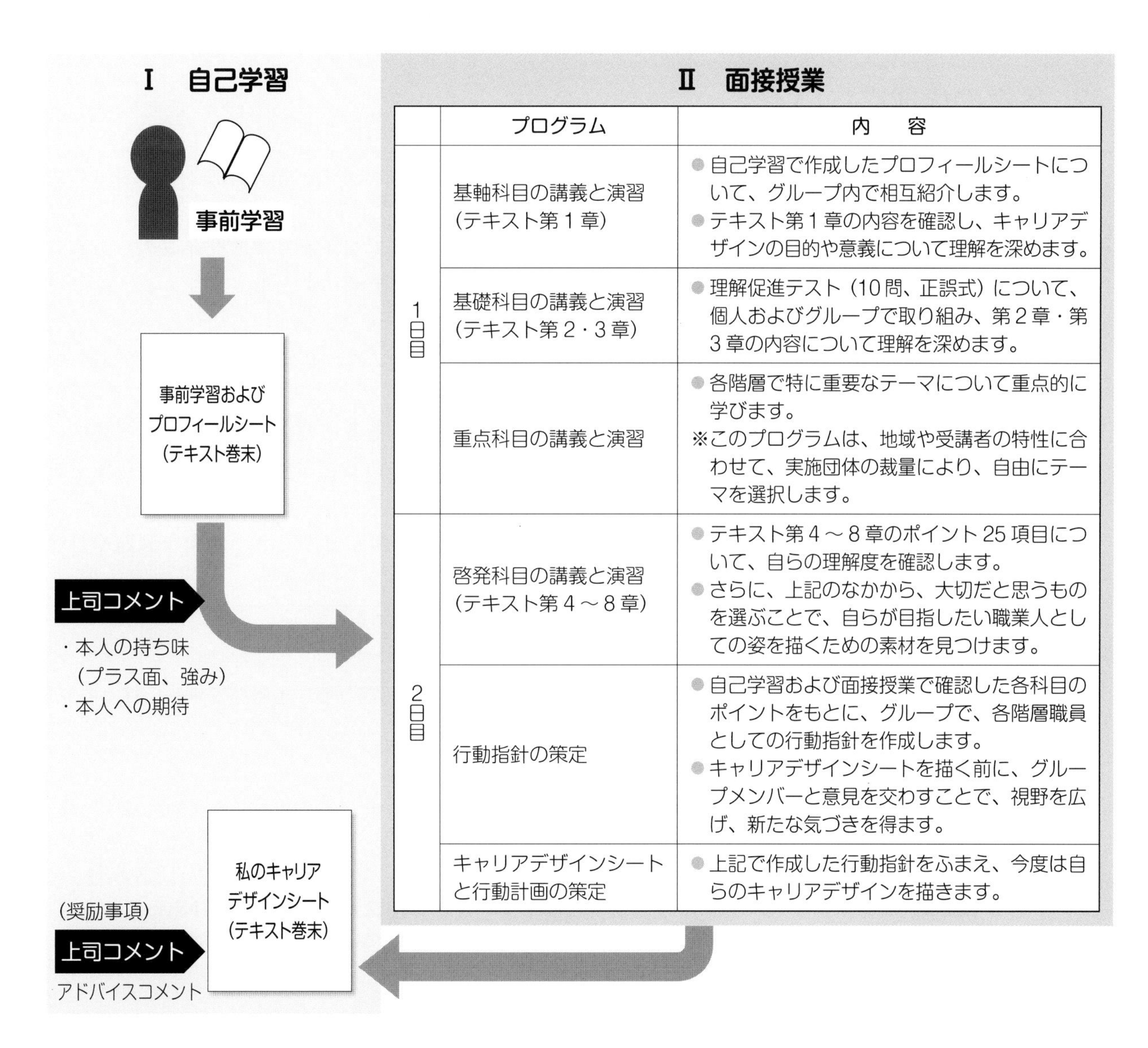

	プログラム	内　容
1日目	基軸科目の講義と演習（テキスト第１章）	● 自己学習で作成したプロフィールシートについて、グループ内で相互紹介します。 ● テキスト第１章の内容を確認し、キャリアデザインの目的や意義について理解を深めます。
	基礎科目の講義と演習（テキスト第２・３章）	● 理解促進テスト（10問、正誤式）について、個人およびグループで取り組み、第２章・第３章の内容について理解を深めます。
	重点科目の講義と演習	● 各階層で特に重要なテーマについて重点的に学びます。 ※このプログラムは、地域や受講者の特性に合わせて、実施団体の裁量により、自由にテーマを選択します。
2日目	啓発科目の講義と演習（テキスト第４～８章）	● テキスト第４～８章のポイント25項目について、自らの理解度を確認します。 ● さらに、上記のなかから、大切だと思うものを選ぶことで、自らが目指したい職業人としての姿を描くための素材を見つけます。
	行動指針の策定	● 自己学習および面接授業で確認した各科目のポイントをもとに、グループで、各階層職員としての行動指針を作成します。 ● キャリアデザインシートを描く前に、グループメンバーと意見を交わすことで、視野を広げ、新たな気づきを得ます。
	キャリアデザインシートと行動計画の策定	● 上記で作成した行動指針をふまえ、今度は自らのキャリアデザインを描きます。

本書の構成について

1. 本書について

本書は、本課程で用いる教材として作成されたものです。

本課程では、職員の対象範囲を原則として以下のように分類し、それぞれについて研修プログラムを策定しています。

本書の第1巻『初任者編』は初任者コース、第2巻『中堅職員編』は中堅職員コース、第3巻『チームリーダー編』はチームリーダーコース、第4巻『管理職員編』は管理職員コースおよび上級管理者コースの各研修プログラムに対応しています。

2. 本書の全体構成について

『初任者編』『中堅職員編』『チームリーダー編』『管理職員編』の章立ては共通であり、読み手の立場・職務階層に則してステップアップするという構造になっています。

全4巻のうち、1冊を通読するだけでも内容を理解することはできますが、初任者編から順次読み進めていくことで、段階的・体系的に習得することができ、より高い学習効果が期待できます。

3. 各章の構成について

各巻をそれぞれ8つの章で構成し、第1章を基軸科目、第2章および第3章を基礎科目、第4章から第8章までを啓発科目としています。(下表参照)。

本課程は、福祉職員が自らのキャリアを自律的にデザインする力（キャリアデザイン力）を確立し高めていくことを主旨としていることから、第1章のキャリアデザインとセルフマネジメントを基軸科目と位置づけています。

第2章の福祉サービスの基本理念と倫理、第3章メンバーシップは、基礎として押さえておかなければならない内容であり、基礎科目としています。

第4章から第8章は、第1章～第3章の内容をふまえたうえで、それぞれの職場において具体的に業務を展開しつつ、本課程を修了した後も、学習・研究を深めていくことが必要と考えられるテーマであり、啓発科目としています。

第8章まで学んだ後で、また第1章のキャリアデザインに取り組んでみると、新たな課題や目標が見つかるでしょう。

	章	内容
基軸科目	**第1章** キャリアデザインとセルフマネジメント	福祉職員としての自らの役割を確認しながら、各階層で求められるキャリアデザインを検討します。
基礎科目	**第2章** 福祉サービスの基本理念と倫理	社会福祉の基本理念を知り、福祉サービスを提供するうえでの基盤となる価値観、倫理観について学びます。
	第3章 メンバーシップ	メンバーシップにリーダーシップとフォロワーシップがあることを学び、それぞれの立場でのあるべき姿について理解を深めます。

	章	内容
啓発科目	**第4章** 能力開発	職員一人ひとりが努力と研鑽を積み、力量を高めるにはどのようにすればよいか学びます。
	第5章 業務課題の解決と実践研究	福祉職員が、日々、業務を行ううえで生じる課題について理解を深め、さらにその解決方法のひとつである実践研究の進め方についても学びます。
	第6章 リスクマネジメント	福祉サービスのリスクやリスクマネジメントについて学び、業務の標準化や法令遵守等についても理解を深めます。
	第7章 チームアプローチと多職種連携・地域協働	福祉サービス業務の基本としてのチームアプローチのあり方、多職種連携・地域協働について学びます。
	第8章 組織運営管理	組織人として働くうえで必要な基本的ルールと知識を身につけ、職務階層に応じ、マネジメントのあり方について学びます。

なお、本書は全ての節を「見開き2頁読み切り（完結）」で編集し、図表を活用することで理解しやすいように配慮しています。また、各章ごとの扉で、章の「目標」と「構成」を示すとともに、『中堅職員編』『チームリーダー編』『管理職員編』では、各章末に『前巻までのポイント』を掲載しています。

項目	構成・内容
扉	各章における目標や、各章の構成を掲載
本文	各章ともに5つの節で構成。各節は見開き2ページで解説
ティータイム	各章の内容に関連した情報やエッセイ等
前巻までのポイント	前巻までの内容のポイントを見開き2ページで掲載（第2～4巻のみ掲載）

4. 本書で使用する用語について

本書では、次の言葉を以下のように定義しています。

- **福祉サービス**
  生活の支援を必要とする人々に対する専門的サービス
- **福祉職員**
  福祉サービスを担う人
- **法人・事業所**
  福祉職員が所属している組織
- **キャリア**
  生涯を通じた職業人生経路、時間軸で見た職業生活のパターン
- **キャリアパス**
  法人・事業所が示すキャリアの進路・道筋
  （キャリアアップ支援施策）

福祉職員キャリアパス対応生涯研修課程テキストの全体構造

		初任者編	中堅職員編	チームリーダー編	管理職員編
基軸科目	第１章	**キャリアデザインとセルフマネジメント** 福祉職員としてのキャリアデザインと自己管理	**キャリアデザインとセルフマネジメント** 中堅職員としてのキャリアデザインと自己管理	**キャリアデザインとセルフマネジメント** チームリーダーとしてのキャリアデザインと自己管理	**キャリアデザインとセルフマネジメント** 管理職員としてのキャリアデザインと環境整備
基礎科目	第２章	**福祉サービスの基本理念と倫理** 福祉サービスの基本理念・倫理の基礎を理解する	**福祉サービスの基本理念と倫理** 福祉サービスの基本理念と倫理の理解を深める	**福祉サービスの基本理念と倫理** 福祉サービスの基本理念・倫理を推進する	**福祉サービスの基本理念と倫理** 福祉サービスの基本理念・倫理を徹底する
	第３章	**メンバーシップ** 組織の一員としてのフォロワーシップの醸成	**メンバーシップ** 中堅職員としてのフォロワーシップの醸成	**メンバーシップ** チームリーダーとしてのリーダーシップの醸成	**メンバーシップ** 組織・部門管理者としてのリーダーシップの醸成
啓発科目	第４章	**能力開発** 初任者としての能力開発	**能力開発** 中堅職員としての能力開発と後輩職員の指導	**能力開発** チームリーダーとしての能力開発とOJTの推進	**能力開発** 管理職員としての能力開発と人材育成
	第５章	**業務課題の解決と実践研究** 業務を振り返り、問題解決の必要性を理解する	**業務課題の解決と実践研究** 現在起きている問題を解決し、後輩職員をリードして取り組む	**業務課題の解決と実践研究** チームで問題解決に取り組み、その先頭に立つ	**業務課題の解決と実践研究** 法人・事業所レベルでの業務の改善、組織の問題解決
	第６章	**リスクマネジメント** 福祉サービスとリスクマネジメント	**リスクマネジメント** 利用者の尊厳を守る福祉サービスのリスクマネジメント	**リスクマネジメント** サービスの質の確保・向上とリスクマネジメント	**リスクマネジメント** 福祉経営とリスクマネジメント
	第７章	**チームアプローチと多職種連携・地域協働** 組織のなかでの多職種連携・協働	**チームアプローチと多職種連携・地域協働** 他組織や地域の専門職との連携・協働	**チームアプローチと多職種連携・地域協働** チームアプローチと多職種連携・地域協働の推進	**チームアプローチと多職種連携・地域協働** チームアプローチ・多職種連携の管理と地域協働の推進
	第８章	**組織運営管理** 組織運営管理の基礎を知る	**組織運営管理** 組織運営管理の理解促進と参画	**組織運営管理** 組織運営管理への参画と協働	**組織運営管理** 組織運営管理体制の整備と推進

学習を始める前に

チームリーダーコースの５つの目標

（1）チームリーダーとしてのキャリアデザインとセルフマネジメントのあり方を学ぶ。
（2）福祉サービスの倫理と基本理念の実践的検証と考察、指導のための手法を習得する。
（3）チームリーダーとして職場の問題解決手法を学び、問題解決能力を高める。
（4）チームリーダーとしてキャリアアップの啓発課題を学び、方向性を明確にする。
（5）チームマネジメントの役割と行動指針を確認し、挑戦目標を設定する。

社会人として学ぶことの意義－４つの輪

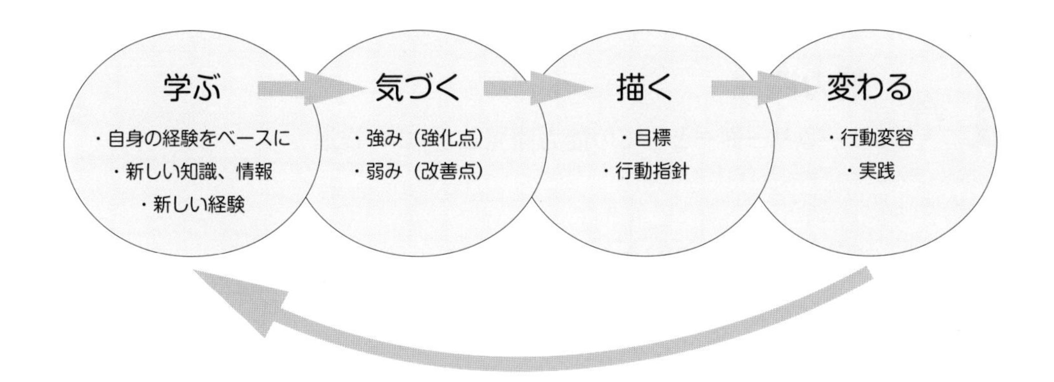

参加型研修の３つの約束

1. 進んで発言する
   －自身の考え方や意思をまとめ、適切に表現し理解してもらう
   －相手の理解、納得、共感が影響力の源泉である
2. 人の話によく耳を傾ける
   －主張と傾聴のバランスがとれていなければならない
   －他者の話にどれだけ耳を傾けられるかは、対人関係の基本スキル
3. 時間を意識する
   －職業人は時間を意識する必要がある
   －時限のなかでより高い成果を目指さなければならない
   （仕事には期限があり、目標は常に時限的である）
   －時間は有限である。適切な対応力、実行力が求められる

目　次

第1章

キャリアデザインとセルフマネジメント

チームリーダーとしてのキャリアデザインと自己管理

目標

◉福祉サービスの仕事は、生活の支援を必要とする人々に対する専門的なサービスである。福祉サービスの理念や倫理を基礎とした専門性の向上が求められるし、組織（チーム）の一員としてのメンバーシップや連携が重要である。

◉一人ひとりの担い手の資質能力の向上を図るとともに、組織力（チーム力・連携力）を高めていくことが期待される。サービスの質や活動の成果は、チームワークや連携が良好に保たれているかどうかによって決定づけられるといってよい。そのキーパーソンとなるのがチームリーダーである。

◉第1章の目標は、チームリーダーの役割を確認しながら、このステージで求められるキャリアデザインと自己管理のあり方を検討することである。

構成

❶ チームリーダーの役割とキャリアを考える
❷ 節目での自己点検・自己評価の手法を身につける
❸ チームリーダーとしてのキャリアデザインを検討する
❹ ワークモチベーションの基本を理解する
❺ チームリーダーとして心身の自己管理手法を徹底する

1 チームリーダーの役割とキャリアを考える

1 チームリーダーとしての実践能力を振り返る

キャリアとは「生涯を通じた職業人生経路」「時間軸で見た職業生活のパターン」を意味する言葉である。チームリーダーというキャリアステージは、キャリアを考える大きな節目である。1つは、自身にとってキャリア選択の節目にあり、もう1つは、組織やチームにおいて立場や役割が大きく変わる節目にあるからだ。これまで経験し、学び、身につけてきた実践能力を基礎にしながら、これからの進路・道筋をどのように描き、形成していくかの岐路にあると認識しておきたい。

すでに主任や係長といった職位や職責を担っている人、そうした役割をこれから担う人など、立場によって違いはあるが、チームリーダーの役割について、あらためて自身の考え方や受け止め方、求められる役割や実践能力に目を向け、自己イメージを確立していくことが大切である。

◉**トランジション・サイクル・モデルの考え方：**職業人生経路には、いくつかのキャリアステージがあり、それぞれのステージにおいて「準備」「遭遇」「順応」「安定化」という４つの段階があるといわれる。「トランジション・サイクル・モデル」の考え方である。自身がいまどの段階にあるかをしっかり見極め、この４段階をスパイラル（螺旋状）に発展させていくことが重要である（**図表１－１**参照）。

時間軸で見れば、福祉サービスの仕事についての志や思い・価値観をあらためて確認し、これまで培い、蓄積してきたキャリアを振り返り、持ち味や強みを積極的に評価するとともに、これからのステージの「準備」や「遭遇」、そして「順応」「安定化」のステップに、率直に目を向けることである。満足できる部分もあれば、不十分だと認識せざるを得ない部分もあるだろう。大切なことは、現在およびこれからのステージで求められる役割や実践能力に目を向け、自己イメージを明確にすることである。

2 「キャリア選択」の節目で考える

一定の経験を積んできた職業人のキャリア選択には、いくつかの進路・道筋がある。基本的進路・道筋としては、①これまで培ってきた専門性をさらに拡充し、エキスパートやスキルリーダー、スペシャリストとしての活動を目指す、②組織やチームの一員としてメンバーシップやリーダーシップを開発し、チームリーダーや管理職員としての活動を目指す、③両者の統合を目指すという3つのパターンが想定される。どのような進路・道筋を選択すべきだということはないが、それぞれの進路・道筋には、それぞれの期待があるはずである。自己期待（自身の思い）と他者期待（求められる役割行動）に目を向け、検討することが大切である。

◉**リーダーや管理職員としての仕事をする意義：**福祉サービスの事業領域においては、自己の専門性を生かし、利用者サービスの現場でキャリアを積んでいきたいと考える人が多いようである。「人に関わる仕事は好きだけれども、指導や管理の仕事はしたくない」という中堅職員やベテラン職員も少なくないのが現実である。働くことの意義をどこに求めるかは、それぞれの欲求や価値観に準拠するものであり、そうした考え方もひとつのキャリア選択である。

しかし、福祉サービスの仕事はその特性からしてチームケアや連携を不可欠とする仕事であることに着目すると、組織やチームにおいてチームリーダーや管理職員としてのキャリアを選択することの意義を確認することができるだろう。実際に大切な仕事であり、働きがいのある仕事なのである。

3 チームリーダーの基本的役割を認識する

組織におけるチームリーダーは、**図表1－2**で示したような組織の構成要素と関係性のなかで日々の活動を行うことになる。まず、組織やチームの内部環境として、仕事があり、その仕事を遂行するメンバーがいて、リーダーがいる。メンバー一人ひとりの能力や意欲を開発し、相互のチームワーク（関係性）を醸成しながら、組織やチームの目指す仕事（使命や目的・機能）を実現するのがチームリーダーの役割である。チームリーダーのあり方次第で、メンバーの働きが変わり、仕事の成果（サービスの質・効率性）は大きく違ってくる。

◉**組織環境や外部環境の変化に適合する**：チームリーダーはまた、組織環境や外部環境との関係性のなかで自身の役割を遂行する立場にある。組織環境である理事会や上位組織、他部門・他部署、組織の仕組みや風土などとの関係性を保つことが期待されるし、外部環境としての地域社会や利用者（顧客）、競合、社会の価値観、技術動向、法制度や行政、サプライヤー（供給業者）などの動向にも目を向け、その変化に適合する活動を行っていかなければならない。特に、利用者（顧客）との関係性は、最も重要な関係性である。

●図表1－1　4段階の健全な発展が望まれる（トランジション・サイクル・モデル）

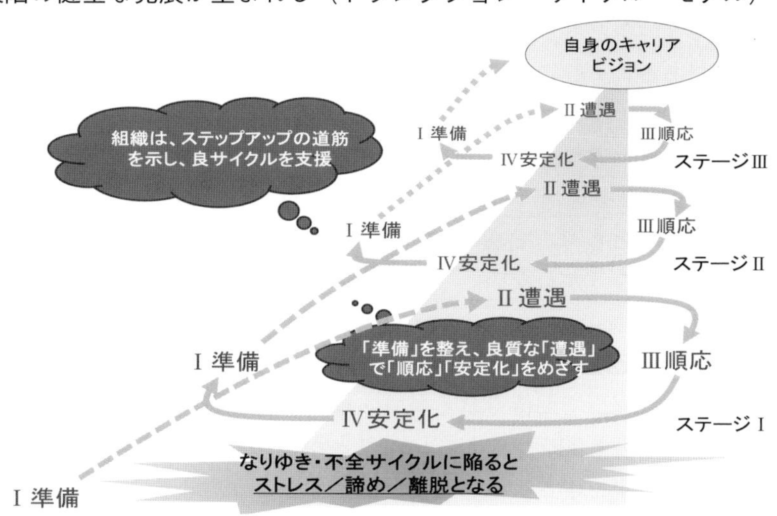

（N.ニコルソンのモデルを参考に著者作成）

●図表1－2　組織やチームの構成要素と関係性

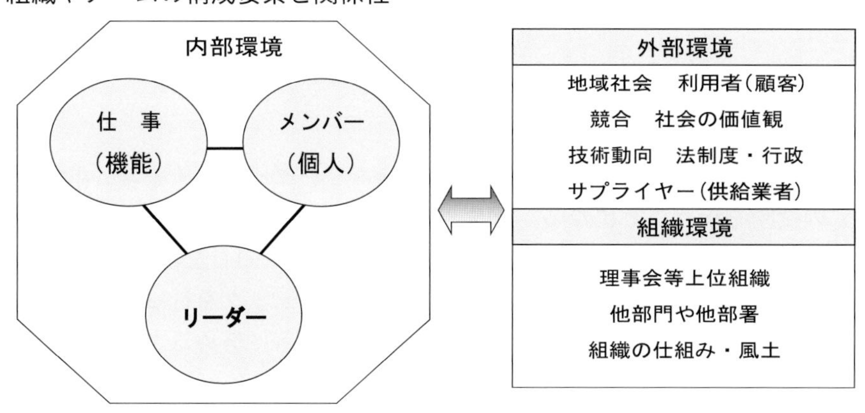

（著者作成）

節目での自己点検・自己評価の手法を身につける

1 キャリアステージでの「リアリティショック」に対応する

法人・事業所においてチームリーダーとしての役割を担うことには、中堅職員とは違った職責・職務（役割行動）の実践が期待される。自身の職業人生においても大きな節目である。そのための「準備」を整え、新しいステージにおいて良質な「遭遇」体験をし、早期に「順応」「安定化」の段階に到達することが望まれる。

すでに係長や主任などの役割（職位・職責・職務）を担っている人は、このステージでの「準備」や「遭遇」「順応」の現実がどうであるかを振り返り、また、これからそうした役割を担うことが予定されている人は、現在の「準備」がどのようなものであるかをあらためて確認し、認識を深めてほしい。

◉**現実とのギャップを感じる：**チームリーダーは、通常、組織の必要性に基づいて指名を受け、その役割を担うことになる。そのため、リーダーとしての「準備」が十分できていないケースも少なくない。これまでやってきたことの延長線上にある仕事や役割であれば、過去の経験やキャリアをそのまま生かすことができるが、このステージでは経験したことのない新しい職責・職務を担わなければならないことも多く、関係者の期待も大きい。そのため、現実とのギャップを感じることが多いのである。一般に「リアリティショック」といわれる現象である。

◉**ワーカホリックやバーンアウト：**チームリーダーとしての役割行動に過剰に適合しようとすると「ワーカホリック（仕事中毒）」になってしまい、思いもよらないネガティブなできごとに「遭遇」し、ストレス過多となり、葛藤や試行錯誤のなかで「バーンアウト（燃え尽き症候群）」に陥ってしまうことにもなりかねない。

◉**有意義感・安心感・自己効力感を醸成する：**ストレス耐性を養うことはひとつの対応策であるが、積極的にこのステージで期待される職責・職務（役割行動）の「あるべき姿」についての認識を深め、健全な当事者意識を醸成していくことが大切である。そのことによって新しいステージでのさまざまな出来事をポジティブに受け止めることができるようになるし、経験を通じて実践能力（コンピテンシー）を醸成し、「順応」「安定化」を目指すことができるようになる。仕事や役割に関する有意義感（Meaningfulness）、安心感（Safety）、自己効力感（Availability）を醸成することが大切である。

2 指導能力のセルフチェックを行ってみる

担当する職種や立場によって違いはあるが、チームリーダーは、チーム（単位組織）や機能の責任者としての役割を担うことになる。**図表1－3**の「指導能力チェックリスト」は、福祉職場のチームリーダーに求められる基本機能を類型化し、自己点検・自己評価用に作成したものである。自身の持ち味や強み、弱みを正しく認識するために自己チェックを行ってみてほしい。強み、弱みを正しく認識したうえで、強みをさらに強化し、弱みの改善に努めることが肝要である。

●図表1－3　指導能力チェックリスト

これまでの日常行動を振り返りながら、次の各項目について自己評価を行う。評価にあたっては、事実に基づいてできるだけ客観的に行うよう心がけ、"寛大化傾向（甘く評価してしまう傾向）"や"中心化傾向（全項目を平均的に評価してしまう傾向）"等にならないよう留意する。自己評価とは別に、上司や同僚、部下に評価してもらうことによって、自己の強み、弱みがさらに明確になるものである。

評価は、次の5段階で行い、評価点を（　　）内に記入、A～Eの各合計点を集計する。

- ・十分できている　5点
- ・かなりできている　4点
- ・ある程度できている　3点
- ・あまりできていない　1点
- ・ほとんどできていない　0点

A　ミッションの実現機能（下記の合計点　　　点）
1　利用者の尊厳の保持に努め、常に良質なサービスの実践を心がけている。（　　）
2　組織の理念やサービス目標をよく理解し、日常的な実践を心がけている。（　　）
3　福祉サービスの専門性については常に啓発に努め、健全な自信をもっている。（　　）
4　地域福祉や行政の動向等に目を向け、将来を展望しながら仕事に取り組んでいる。（　　）

B　指示要望機能（下記の合計点　　　点）
1　職員に組織の期待値や目標を明確に示し、達成するよう粘り強く求めている。（　　）
2　個々の職員に能力よりやや高めの仕事を与え、積極的に取り組むよう求めている。（　　）
3　サービスの質の向上や職場の問題解決について、職員に工夫や提案を求めている。（　　）
4　常にSDCA及びPDCAの管理サイクルを意識し、徹底している。（　　）

C　受容共感機能（下記の合計点　　　点）
1　職員の悩みや不満などの相談に気軽に応じている。（　　）
2　職員が何か問題を起こしたとき、一緒に考え、問題解決に取り組んでいる。（　　）
3　新しいことを決定する場合、前もって職員の意見を聞いている。（　　）
4　職場のお互いが協力し合い、チームワークが醸成されるよう工夫している。（　　）

D　コミュニケーション機能（下記の合計点　　　点）
1　組織の方針や考え方、仕事に必要な情報を流し、共有している。（　　）
2　個々の仕事のねらいや目的について、よく理解できるよう話している。（　　）
3　計画やルールの変更について、職員が納得のいくよう説明している。（　　）
4　ホウレンソウ（報告・連絡・相談）を常に徹底している。（　　）

E　人材育成機能（下記の合計点　　　点）
1　職員が担当業務を遂行するために必要な専門性と組織性について指導している。（　　）
2　職務を通じた指導育成が職員研修の基本であると考え、OJTを実践している。（　　）
3　職員の仕事ぶりや結果について、賞賛や注意、フィードバックを適切に行っている。（　　）
4　職員のキャリアパスを見通しながらキャリアアップを支援している。（　　）

F　自己責任信頼機能（下記の合計点　　　点）
1　リーダーとしての判断、意思決定について職員に信頼されている。（　　）
2　決定が必要なときは、タイミングよく決断している。（　　）
3　約束したことは必ず守り、できないことはできないとはっきり言っている。（　　）
4　上司や他部門に対して言うべきことは率直に言い、影響力を発揮している。（　　）

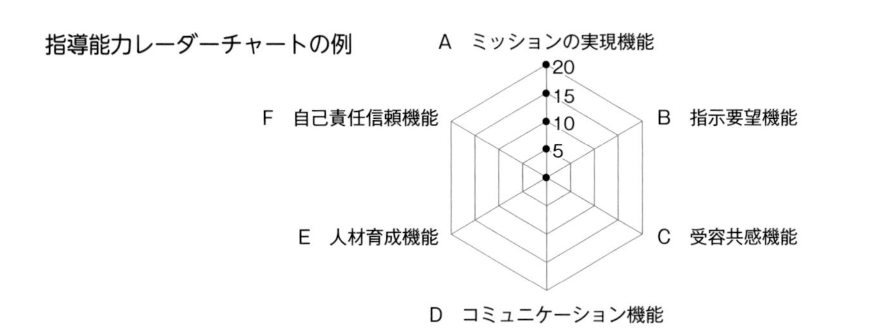

（著者作成）

チームリーダーとしてのキャリアデザインを検討する

1 チームリーダーとしてのキャリアデザインを考える

キャリアデザインは、自身のキャリアを振り返りながら自己イメージを明確にし、これからのキャリアの進路・道筋を描くことである。1年後、2年後、そして5年後、10年後を見据えて、いまどのような職業人生経路をイメージできるだろうか。それぞれの現状をふまえて、この機会にあらためて自身のこれからのキャリアを考えてみてほしい。

◉**自己期待、他者期待**：これからのキャリアとして、自身の専門性をさらに拡充し、専門職として活動するというイメージを描く人もいれば、組織やチームの一員としてフォロアーシップやリーダーシップを開発し、チームリーダーや管理職員として活動するというイメージを描く人もいるだろう。あらためて自己期待（自身の思い）や他者期待（求められる役割行動）に目を向け、検討する必要がある。(**図表1－4**および巻末の「私のキャリアデザインシート」参照)。

2 4つの問いで自己イメージを明確にする

まず最初に次の4つの問いについて答えてみよう。自己期待の意識化である。

◉**できることは何か（持ち味・能力）**：これまでのキャリアのなかで経験し、学び、培ってきたもの。自身の性格やパーソナリティ、周囲の人からフィードバックされるポジティブな部分や強み・持ち味をリストアップすることである。

◉**やりたいことは何か（動機・欲求）**：これまでのキャリアのなかで感じてきたこと、利用者やその家族に対して、組織やチームケアの一員として、そして自分自身に対して、「こんなことをしてみたい」「実現できればうれしいだろう」「喜んでもらえるだろう」と思われる項目をリストアップすることである。

◉**意味を感ずることは何か（志・価値観）**：これまでのキャリアを振り返り、そしてこれからこの仕事を継続していくにあたって、「仕事で達成したいこと」「時間とエネルギーを十分かけてもよいと思うこと」「人に役立つだろうと思うこと」等をリストアップすることである。

◉**どのような関係をつくり、生かしたいか（関係性）**：他者との関係や関わり方についての問いである。所属するチームの上司・先輩職員・同僚、他のチーム・他部門、利用者やその家族、地域の関係機関や他組織、そして、身近な家族や友人等、関係する人々や機関は多様であるが、これから特に関係を深め、生かしたいと思うことをリストアップすることである。

次に、「私のキャリアメッセージ」（いまの気持ち、これからの私）について作文を書いてみる。人生（ここでは職業人生）は、自作自演の物語であるともいえる。自身が主役であり、自身が創作していくものである。チームリーダーのキャリアメッセージとしては、福祉サービス実践のなかで遭遇してきた印象的な出来事やすでに記述した4つの問いに関連することが題材になるかもしれない。「いま、ここでの気持ち」を率直に表現することによって、さらに自己イメージを意識化することができるはずであるし、未来への意思が明確になってくる。

3 キャリアビジョンを描き、アクションプランを策定する

自身のキャリアビジョンを描いてみよう。キャリアビジョンは、5年後、10年後、さらに中長期の視点で自身の職業人生経路の到達イメージを描くことである。自己イメージを明確にするための「４つの問い」を前提に、次の４つの項目についてこれから取り組みたいことをリストアップしてみよう。福祉サービスのエキスパート、チームリーダーに求められる他者期待との融合の視点をもちながら検討することが大切である。

- 利用者やその家族との関わりについて
- 組織やチームのメンバーに対して
- 地域や関係機関との関わりについて
- 自身の能力開発や資格取得について

◉**当面の重点目標とアクションプラン**：当面の重点目標とアクションプランは、上記4項目のビジョンを前提に、1〜3年をめどに重点目標を2〜3項目設定し、具体的なアクションプラン（実現のためのシナリオ）を策定する。それぞれの目標には到達ゴール（水準と期限）を設定する必要がある。目標は挑戦的で、しかも達成可能なレベルで設定することが大切である。そして、何よりも自身が納得できるものであることが重要である。

目標は公開することによって、組織の上司や関係者から支援を受けることが可能になる。積極的に開示し、指導・支援を受けたいものである。

●図表１－４　キャリアデザインの４つの問い（他者期待の認知を前提として）

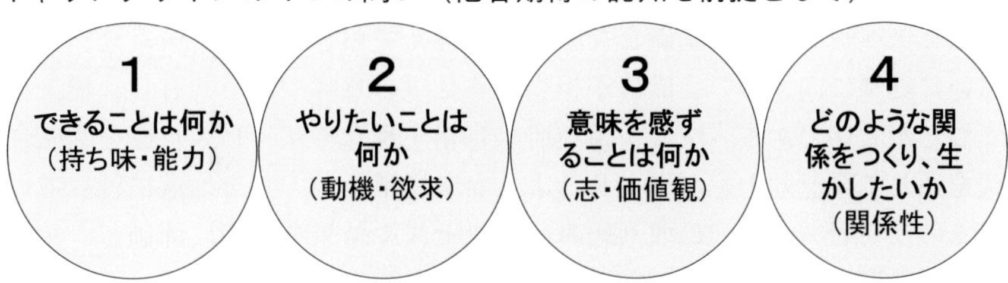

（E.H. シャイン、M. アーサーの考え方を参考に著者作成）

※福祉職員キャリアパス対応生涯研修課程受講にあたっては「事前学習およびプロフィールシート」（巻末参照）を作成してくることが条件となります。この節は「Ⅱ 自己のプロフィールシート」を記入するにあたっての具体的な指標を示しています。

ワークモチベーションの基本を理解する

1 「働きがいのある職場づくり」を考える

働きがいのある職場づくりは、チームリーダーであれば、誰もが目指す方向である。働く人々もまた、働きがいのある仕事を求めている。だが、実際にそのことを実現しようとすると、簡単ではない。働く人々の欲求や成熟度はさまざまであり、こうすれば必ず「働きがい」が生まれるという特効薬はないからだ。基本を押さえた地道な努力が求められる。

◉**困難な状況を乗り越える：**福祉サービスの仕事は、その特性から見て、どのような職種であれ一定の困難をともなう仕事である。そのような困難な状況を乗り越え、乗り越えた結果としてもたらされる効果や価値を見て、職員は達成感を感じ、「やってよかった」と働きがいを感じることが多いのではないだろうか。そのうえに「感謝」や「出会いの感動」があり、「自己成長」を実感できるとすれば、日々の苦労やつらさは報われることだろう。

◉**法人・事業所の理念や運営のあり方：**福祉（介護）職員の退職の理由を見ると、「法人・事業所の理念や運営のあり方に不満があったため」ということが大きな要因になっている。これは、職員のモチベーションを考えるうえで重要な視点である。福祉サービスは、生活の支援を必要とする人々に対する専門的なサービスである。この仕事を職業として選択し、日々のサービス実践に関わっている職員の多くが、この仕事に使命感と誇りを感じ、その実現を目指していることを示すものであるといってよい。

◉**職場風土づくりを地道に行う：**仕事に対する有意義感と安心感、そして自己効力感を感じることは、ワークモチベーションの基礎となるものと考えておきたい。チームリーダーとしては、職員の志や思いに真摯に向き合い、職員が担当する仕事の意味づけを共有し、健全な職業意識を醸成していくことが大切である。法人・事業所の目指す理念やサービス目標を明確にするとともに、その実践を通じて自己効力感が得られるような職場風土づくりを地道に行っていくことである。職員の日々のサービス実践での取り組みのプロセスや結果を適切に評価し、承認・フィードバックすることが大切になる。

2 職場での「不満の要因」と「やる気の要因」に着目する

働く人々のやる気をどのようにして引き出すかというワークモチベーションについては、多くの研究や調査が実施され、その成果に基づく提唱がなされている。組織の仕組みとして人事制度や目標管理、評価システムや職員処遇体系などの新たな施策推進も、そうした提唱に準拠するものが多い。福祉サービスの担い手の「キャリアパス」を明確にするという施策もその一環であると考えてよい。

◉**動機づけ・衛生理論という考え方：**ここでは、代表的なモチベーション理論として「動機づけ・衛生理論」と呼ばれる考え方を紹介しておこう。この考え方では、従業員が「不満だと思ったこと、やる気を感じたこと」についてインタビュー調査を実施・分析し、「不満の要因とやる気の要因というのは相互に無関係で、それぞれが人の行動に異なった影響を与える」という結論を導き出し、概念化している。

不満の要因は、不満を予防するための要因となるため、「衛生要因」と呼び、やる気になる要因については、仕事に対し、動機づけをしているところから、「動機づけ要因」と呼んでいる。

前者の「衛生要因」には方針や管理施策、監督のあり方、作業条件、対人関係、給与、処遇条件等、後者の「動機づけ要因」には、仕事を通じて達成感が得られること、評価や承認、チャレンジングな仕事、責任、成長等がある（**図表1－5参照**）。

◉**「衛生要因」は職員の不満に関わる：**実際の職員をイメージしながら考えてみよう。ある職員が、自分よりも知識やスキルの未熟な職員と比べて給与が低いことがわかったとすると、その職員の不満は高まり、仕事の効率は下がってしまうだろう。また、上司が代わり、自分のやり方や価値観と異なり、衝突があったとすれば、同様に不満が高まることが考えられる。つまり、「衛生要因」とは、職員の不満に関係する要因であるということができるのである。

◉**「動機づけ要因」は職員の自己実現と育成を促進する：**一方、やる気のある職員が不満もなく、仕事をしていたとする。そのまま放っておけば、その職員のキャリアアップは停滞してしまい、次第にやる気が低下してしまう。このような場合には、チームリーダーとしては、「働きがい」のある仕事を与え→達成→承認→成長のサイクルを回す必要がある。目指す成果や価値を達成することが自己実現となり、承認→成長につながることが自己実現をさらに促進することになるのである。つまり、「動機づけ要因」は、職員の自己実現と育成を促進する要因であるということができるのである。

3 「ともに学ぶチームづくり」を目指す

職員一人ひとりの能力開発は大変重要なことである。初任者に対しては、中堅職員やチームリーダーが積極的な関わりをもち、仕事を通じて、あらゆる機会を活用し、計画的に指導育成する体制を整えることが必要である。中堅職員層からは、相互啓発の組織風土を醸成し、互いのこれまでのキャリアをふまえながら、持ち味や強み、弱みを肯定的に捉え、切磋琢磨する関係を醸成することが大切である。職員一人ひとりが、それぞれのキャリアを描き、自律的に啓発に取り組み、その成長や達成についてチームメンバー全員が承認する組織風土をつくっていくことが期待される。

チームリーダーとしては、職員の成長と能力の向上が自身の喜びであること、そしてチーム内の他のメンバーの喜びであること、チームとしての喜びであること、チームリーダーの喜びと成果であること、を認識し、その喜びを共有できる組織風土づくりを目指すことが大切である。

●図表1－5　動機づけ・衛生理論の考え方

衛生要因（不満の要因）	動機づけ要因（やる気の要因）
・方針と管理施策 ・監督のあり方 ・作業条件 ・対人関係 ・金銭、身分、安全	・達成 ・達成を認められること（評価・承認） ・チャレンジングな仕事 ・責任の増大 ・成長と向上

（F.ハーズバーグの考え方を参考に著者作成）

チームリーダーとして心身の自己管理手法を徹底する

1 「仕事への心の健康度」を高める

自身の仕事や役割に強い使命感をもち仕事をしていると、あっという間に時間が過ぎ、新たな課題を見つけると、挑戦することが楽しみに思えてくる。上司や部下との葛藤などの困難な状況にも、粘り強く対処していける。そして、自分がこの仕事に関わりをもつことで、社会や組織に価値があると感じられる。このような状態をワークエンゲージメント（仕事への心の健康度）という。

一方、強い使命感をもっているものの、自身が対峙している課題に圧倒され、職場にいないと何となく不安になり、残業が重なり、他の職員に仕事をまかせられないような状況になってしまうことがある。仕事に熱心に取り組んでいるという見た目の姿勢ではワークエンゲージメントと同様であるが、このような状態をワーカホリック（仕事中毒）といい、この状態が続くと、心身の不調をきたすことにもなる。

働きがいのある職場づくりをするという意味では、まずはチームリーダー自身のワークエンゲージメントがどの程度実現しており、ワーカホリックの状態に陥っていないかを振り返り、「働きがい」について、考えてみることが大切である。

2 チームリーダーとしての自己管理を徹底する

チームリーダーは、一般職員とは異なる役割を担うことになる。初任者のときは右も左もわからずに多くの上司や先輩職員から指導・支援を受けながらいろいろなことを経験し、学んで成長してきた。中堅職員のときはその経験や学びを深め、拡大してきた。しかし、それぞれ最初のころは何をどうするかわからず、仕事が滞り、悩み、不安を抱えることもあったはずである。チームリーダーもまた、新たなキャリアのステージにいる。葛藤や試行錯誤があるのはむしろ自然なことであると考え、自己管理を徹底していきたい。

◉**バーンアウト（燃え尽き症候群）とは：**過度な葛藤やネガティブな状態をひとりで抱え込み、無理にやり遂げようとするとワーカホリックの状態に陥ってしまいかねない。追い詰められた状態で仕事を続けていると、エネルギーは消耗し、熱意を失い、何かをやり遂げようという意欲も減退してくるものである。また、胃腸障害や肩こり、頭痛などの症状をきたすこともある。失敗やミスを連発し、落ち込み、自分はこの仕事や役割の遂行が無理ではないかと思うようになってしまう。こうした状態のことをバーンアウト（燃え尽き症候群）という。

◉**バーンアウトにならないために：**バーンアウトは、もともとソーシャルワーカーや看護師など対人援助職が、突然に意欲を低下させる症状を示すことから研究が進められたものである。バーンアウトにならないために、次のような配慮が必要であるといわれている。

- 新たなキャリアステージにいることを認識し、よき相談相手を１人以上見つける。
- ひとりでがんばるのではなく、上司や同僚、職員とともにがんばる。
- 仕事の内容を確認し、できることから取り組む。
- 自分がやらなくてもよい仕事は職員にまかせる。
- 上司、職員、同僚と積極的にコミュニケーションをとり、自分に求められている役割を確認する。

■これまで以上に体調を管理する。
■しっかりと休暇をとる。

3 職員の健康管理に配慮する

チームリーダーは、部下である職員の健康管理への配慮が必要である。ここでは3つの視点をあげておこう。

◉**職員の仕事環境**：介護や看護等をするうえで衛生面・安全面への配慮が必要である。照明はどうか、作業する場所は十分に確保されているか、機器等に欠損や故障はないか等、職員の身近な気づきにも耳を傾け、必要に応じて、改善策を講じていかなければならない。

◉**職員の仕事内容や時間、姿勢**：極端に仕事が重なり、負担がかかる手順になっていないか、勤務シフトに無理はないか、また、仕事をするうえで無理な姿勢が強いられていないかといった点である。時には、仕事量や残業時間を調査・評価し、改善を図る必要がある。

◉**心身の健康状態**：過去に仕事環境や仕事内容に関連するケガや事故による健康被害は出ていないか、もしくは今後出る可能性はないか。また、福祉職場において大きな問題となる腰痛等の発生状況を確認しよう。そして、職員の心の健康（メンタルヘルス）はどうだろうか。メンタルヘルスは、日頃の職員の様子の観察から始まるといってよい。職員（そして自分自身）に**図表1－6**に示したような行動や変化が見られたら、すみやかに対応する必要がある

●図表1－6　メンタルヘルスへの対応が必要となる変化

自分自身が気づく変化	周囲が気づく変化
①　悩みや心配ごとが頭から離れなくなる ②　寝つきが悪く、眠りが浅い、朝早く目が覚める ③　仕事の能率や仕事への意欲・集中力の低下 ④　考えがまとまらず、堂々巡りし、決断できない ⑤　疲れやすく、倦怠感がある ⑥　気分が落ち込み、楽しくない ⑦　他人の評価が強く気になる ⑧　仕事をやめたいと思う ⑨　その他、さまざまな身体症状（頭痛、めまい、吐き気など）がある	①　以前と比べ表情が暗く元気がない ②　仕事の能率の低下、ミスの増加 ③　欠勤、遅刻、早退の増加 ④　周囲との折り合いが悪くなる ⑤　とりとめのない訴え（体調など）の増加 ⑥　ボーッとして上の空になることがある ⑦　他人の言動を異常に気にする ⑧　その他、さまざまな身体症状の訴えが増加する

（中央労働災害防止協会「心理相談員専門研修」テキストを参考に著者作成）

前巻までのポイント

キャリアデザインとセルフマネジメント

以下の内容は、『福祉職員キャリアパス対応生涯研修課程テキスト』〔初任者・中堅職員編〕の第1章のポイントを抜粋したものです。

1 福祉サービスの担い手として【初任者編・第1章第1節】

■①就労動機や志、②福祉サービスの仕事についての意味づけを確認することで、これからの職業人生の意義や目指す方向が明確になる。

■何を目指し、どこを到達ゴールとして歩んでいくか、法人・事業所におけるキャリアパスを展望しながら、自身の可能性を開発していくことが大切である。

2 過去・現在・未来の時間軸でキャリアを考える【初任者編・第1章第2節】

■過去を振り返ることで、自己イメージが明確になってくる。未来を描くことによって、いま取り組まなければならない課題が明確になり、現実の苦労や努力の意味づけができるようになる。

3 自己期待と他者期待の融合を目指す【初任者編・第1章第3節】

■個人と組織は相互依存の関係にあり、個人は仕事および機会を提供する組織に依存しながらキャリアを歩み、組織は個人の職務遂行能力に依存し、その活動を通じて組織が目指す使命や目的・機能を果たしていく。

■職業人生のキャリアは、自己期待と他者期待の融合を目指すことが大切である。

■自己期待とは、自身の志や思い、ありたい自分のことである。他者期待とは、上司や先輩職員、組織、社会など関係する人々のさまざまな期待のことである。

■他者期待は、福祉サービスの担い手に共通して求められるもの、所属する法人・事業所が求めるもの、担当する仕事に関して求められるもの、という3つの視点で押さえておくことが大切である。

《組織におけるキャリアの考え方》
自己期待と他者期待の融合を目指す

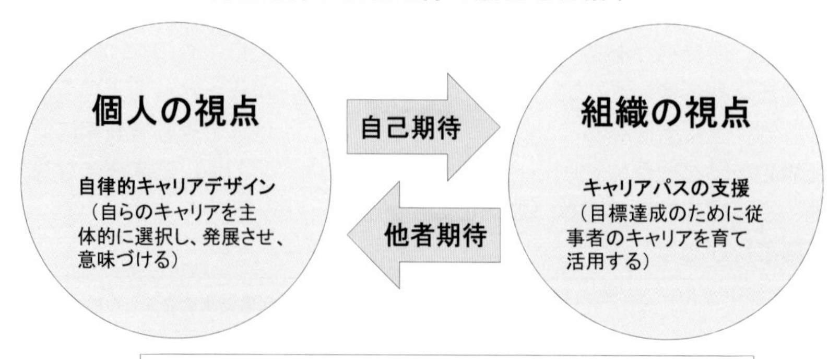

相互依存の関係
・個人は仕事および機会を提供する組織に依存
・組織は個人の職務遂行能力に依存

（E.H.シャインの考え方を参考に著者作成）

4 キャリアステージの節目【中堅職員編・第1章第2節】

■キャリアステージの節目では、自身のこれまでの成長過程を振り返り、現在の自己イメージを明確にしながら、これからのキャリアを考えてみることが大切である。

■「成長（学習）曲線」に即して考えると、成長過程は「模索期」「伸長期」「高原期（プラトー期）」「成熟期」「限界期」の5段階に分けられる。

■「トランジション・サイクル・モデル」では、職業人生にはいくつかのキャリアステージがあり、それぞれのステージにおいて4つの段階（節目）があるとしている。4つの段階とは、①新しいステージに入るための「準備」段階、②実際にそのステージにおいてさまざまな出来事を経験する「遭遇」段階、③経験を積みながらそのステージに徐々に「順応」する段階、④「安定化」の段階である。

《成長（学習）曲線に即したキャリアデザイン》

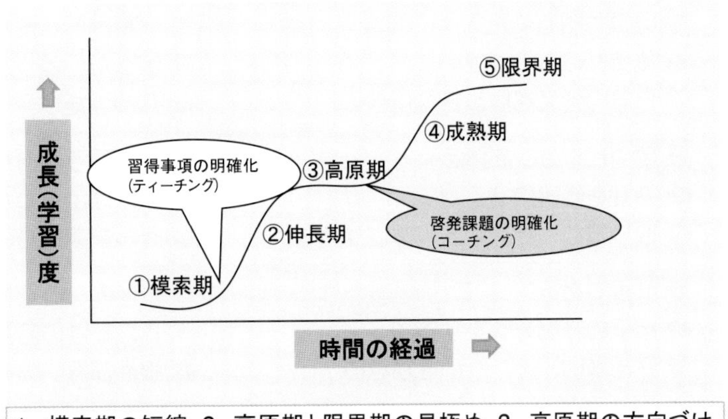

1. 模索期の短縮　2. 高原期と限界期の見極め　3. 高原期の方向づけ

（著者作成）

《キャリアステージの節目にある4つの段階ートランジション・サイクル・モデルの考え方》

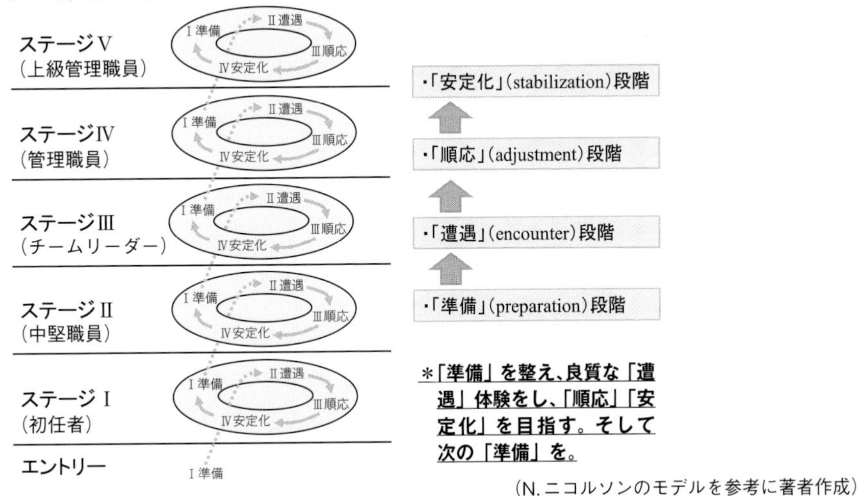

（N.ニコルソンのモデルを参考に著者作成）

5 後輩職員との信頼関係【中堅職員編・第1章第4節】

■後輩職員の指導・支援にあたっては、自身のこれまでのキャリアや経験を生かして臨むことが大切である。一人ひとりの個性や自主性を尊重する姿勢をもちながらも、後輩職員の成熟度を見極めながら指導・支援を行っていかなければならない。

ティータイム

チームリーダーにやってほしいこと、言ってほしくないこと

チームリーダーとして気をつけたいことをまとめています。

項目	やってほしいこと	言ってほしくないこと
マナー	● 明るく、爽やかな挨拶 ● チームの顔にふさわしい身だしなみ ● 公私のけじめ	● あなた、お前（名前を呼んでほしい） ● 横柄な態度での指示・命令 ● どうも、どうも（卑屈な態度）
気力	● いつも明るく元気 ● 気持ちのムラがない ● 自分の考えをはっきり述べる	● （朝から）疲れた ● 困った、困った、どうしよう ● 八つ当たり
ビジョン	● 夢やビジョンを語る ● 方針を明確にする ● 取り組むべき課題を明確にする	● 私の言うとおりにやればいいの ● 私にはよくわからない ● そんな夢みたいなことはできない
人間関係	● 誠実である ● 相手の立場を尊重する ● 好き嫌い、えこひいきがない	● 本当のことを言えば ● ここだけの話だけれど ● 根性が悪いのね
決断	● はっきり決断する ● すっきり指示を出す ● エビデンス（根拠）を示す	● 忙しい、後にして ● よくわからないけど、まあいいか ● それはだめだ（一方的に）
育成	● タイミングのよい支援 ● 称賛や注意をはっきりという ● 率先垂範、約束は必ず守る	● あれもよくない、これもよくない ● 陰でブツブツ ● 知っていながら知らないそぶり（無視）
仕組み	● 公平な職務割り当てをする ● 働きやすい条件整備をする ● 公正な評価をする	● みんなで乗り切るしかない ● 上司の理解がないから仕方がない ● 誰がやっても同じこと
問題解決	● 状況をよく判断して指示を出す ● 原因究明、再発防止を図る ● 任せるところは任せる	● なぜこんなことになったのだ ● もっと早く相談してくれれば ● あなたの責任で何とかするように
改善	● 職員の意見をよく聴く ● 前例にとらわれず必要性を考える ● 実現のための条件整備を行う	● うちだけやるわけにはいかない ● 無理なことです（説明がない） ● 考えておこう（返事がない）
影響力	● 上司や同僚にも強くあってほしい ● 上司の指示は自分の言葉で伝える ● 具体的な指示、報告が事実に則している	● 上司の指示だから仕方がない ● 実は私も反対なんだが ● まあ、言うとおりにしておきましょう

第2章

福祉サービスの基本理念と倫理

福祉サービスの基本理念・倫理を推進する

目標

◉職場のチームリーダーとして社会福祉制度と法律の基礎に精通し、その理念、規範に基づいて自らの仕事を自律的にこなし、さらに初任者などの部下に仕事を指導し、職場のチームの育成を図る。
◉チームメンバーの基礎知識、基礎技術の定着を目指すとともにメンバーが社会福祉の理念、法律の目的等を正しく学べるよう指導する。
◉チームメンバーがともに学ぶための職場の環境を、管理職員と相談しながらつくる。
◉これらの対応を行うことによって、チームのパフォーマンスを一定の水準以上で保ち、チーム組織の管理運営を管理職員の指導のもとに実践できるようになることを目指す。

構成

1 利用者の尊厳を保持し自立を支援する

1 利用者の尊厳を守るための職場をつくる

福祉サービスの基礎となる社会福祉法には、利用者の生活保障、自立、尊厳を守ることが掲げられており、福祉サービスには、生活支援を通して、利用者が尊厳ある個人として生活できる環境を整えることが不可欠である。利用者の尊厳を守るためには、利用者の意思を尊重し、その人らしさを失わず生活ができるように支援することが求められる。特に福祉現場の責任者であるチームリーダーは、メンバーが利用者の尊厳を守り、尊ぶ姿勢を尊重する職場環境づくりをし、サービス提供の環境を整えることが責務である。

◉**実際のサービスのなかで利用者の尊厳を守る：**例えば、施設での入浴の際に、入浴姿を他の利用者にさらされてしまうことや、女性職員が男性の利用者の入浴介助をすることもある。その際には、職員がその問題点に気づき、衝立などで入浴姿を隠し、入浴担当者のローテーションを工夫するなどの配慮ができるようにしなければならない。つまり利用者の尊厳と実際のサービスとの関係を担当職員に説明し、指導することが必要である。さらに、担当職員が入浴や排泄の介助で、異性介助となる場合には利用者に事前に説明して、了承を得る心配りができるように指導する。職員が利用者の尊厳を意識せずに侵害することがないように支援の基本理念を共有する機会を設ける。

◉**チームリーダーに求められる3つのこと：**利用者の尊厳を守ることを日常業務において徹底するためにチームリーダーに求められるのは次の3点である。①まず、利用者の尊厳を守ることを優先すること、それが職場の理念であることを文章で明示する。つまり、職場の価値の共有である。次に②チームリーダー自らがその理念に基づいた行動の実践者となることである。リーダーが具体的に行動することで、現場のスタッフがより具体的になすべきことを学べる。そして③「理念」に基づく優れた行動をとったチームメンバーを表彰し、その職員の行動を評価して強化する（**図表2－1**参照）。

2 利用者の尊厳を守るために目標を明文化する

福祉サービスの現場では複数の人が利用者への支援を行う。複数の人間でひとつの支援サービスを完成させるために、関わるメンバーが共通の価値観を共有し、同じ理念のもと、行動をとる必要がある。利用者の尊厳を守るためにもチームメンバーがその重要性を共有しなければならない。

◉**自立的な側面を考慮した全人的な支援を：**具体的には利用者の尊厳を守る目的と意義を明文化し、行動指針を作成してメンバーの共通理解を得る。利用者は要援護者という側面と自立して創造的な活動をする人としての側面をもつ。その自立的な側面を考慮した全人的な支援が必要である。そうした支援が利用者の尊厳を守ることにつながることを明記して職員の意識向上を図る。

そのために利用者を支援する場合もサービスの供給者と需要者という関係ではなく、自立した人への支援活動として支援内容ごとに具体的な職員の行動方針を作成しなければならない。例えば利用者の呼び方、支援を開始する際の声のかけ方といった内容で利用者の尊厳を守るためにとるべき行動を具体的にチームリーダーは示す必要がある。

3 模範を示して行動を評価する

利用者の尊厳、権利を守るための行動指針が職場で活用されるためには、チームリーダー自身が指針に則した行動を率先して示す必要がある。具体的な行動の例示によってチームメンバーは実際のサービスで行うべきこととして体験的に理解できるからである。

◉**チームリーダーには具体的なサービスの改善策を行動で示すことが求められる**：施設で生活する利用者の自由行動がどの程度確保できているかによって、利用者の権利がどの程度擁護されているかをはかることができる。チームリーダーは実際に利用者の生活時間を振り返りながら利用者の権利が施設の生活において守られているかを見て確認する。次に問題がある場合には担当者に業務の改善の指示を出す。管理職員に報告し、利用者の権利を擁護するために必要なサービス提供方法の改善を申し出る。このように、利用者の尊厳を守るための具体的な方策を職員に自身の行動で示すことがチームリーダーの任務となる。

加えて、法人・事業所が目指す方向に向けて行動できる職員の育成が課題である。利用者の尊厳を守る職員の行動を模範例として評価し、職員の行動指針を示すことで、担当職員は期待される行動をサービス提供のプロセスのなかに取り入れることができる。

◉**職員一人ひとりが利用者の尊厳を守る方法を学べる環境づくり**：施設入所者が規定以上に私物を施設に持ち込みたい旨を伝えてきたならば、施設の状況を利用者に伝えるとともに、どの範囲までならば持ち込めるのか、他の利用者との間に不公平は生じないかを確認し、利用者の思いが反映できる解決策を提示する。一連の流れをチームリーダーが模範例として示し、担当職員が経験的に利用者の尊厳を守るための方法を学ぶ環境をつくることがチームリーダーには期待される。

●図表2－1　利用者の尊厳と自立をうながす組織づくり

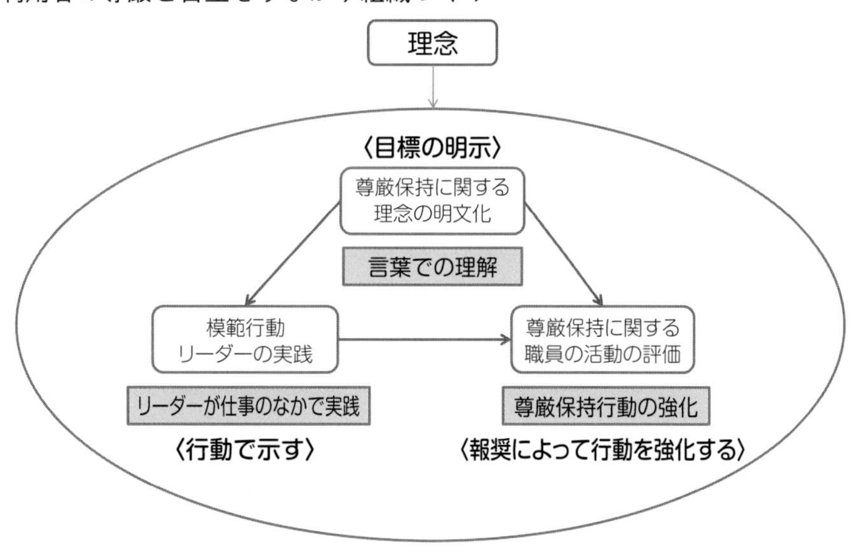

（著者作成）

利用者、家族のニーズをより深く理解し、チームで支援する

1 チームメンバーのアセスメント力を向上させる

利用者のニーズに応える支援を行うには、利用者が生活をするうえで必要な支援を福祉専門職の視点で明らかにすることが必要である。生活援助の専門家としての視点であり、医療の視点とは異なる。利用者の状態を多面的に捉え、自律的な生活が実現できる支援計画を立てられるアセスメント能力が求められる。傾聴の技術や日常生活での変化に気づく力が重要である。

◉**利用者の生活全般に関わる情報収集を：**アセスメントする内容は、利用者の生活歴、疾病歴、現在の身体状況や精神・心理状況である。また、住環境や支援者の構成、社会資源など現在の生活環境に関する状況が含まれる。

◉**アセスメントシートの準備と記述方法の統一を：**チームリーダーはアセスメントに必要な項目の共有化と統一したアセスメントシートの準備をしなければならない。その情報内容と記述方法をチーム内で統一するために、チームリーダーが実際にメンバーにやって見せ、メンバーが繰り返しアセスメントをする機会を設ける必要がある。また、アセスメントの標準化に向けてカンファレンスを開き、アセスメント情報の妥当性や信頼性についてチームリーダーが助言することが求められる。

◉**世帯が抱える多様で複合的な地域生活課題の把握：**2017（平成29）年の改正社会福祉法第４条第２項（2020〈令和２〉年の同法改正により、同条第３項に繰り下げ）では、「世帯丸ごと」の観点、つまり、利用者のみならず家族を含めて世帯が抱える多様で複合的な生活課題（地域生活課題）を把握することや、地域住民の深刻な生活課題・福祉課題の背景の大きな一つとして注目されている「社会的孤立状態」についても、その関係者を含めてアセスメントしていくことを求めている。

> 社会福祉法第４条第３項
>
> 地域住民等は、地域福祉の推進に当たつては、福祉サービスを必要とする地域住民及びその世帯が抱える福祉、介護、介護予防（要介護状態若しくは要支援状態となることの予防又は要介護状態若しくは要支援状態の軽減若しくは悪化の防止をいう）、保健医療、住まい、就労及び教育に関する課題、福祉サービスを必要とする地域住民の地域社会からの孤立その他の福祉サービスを必要とする地域住民が日常生活を営み、あらゆる分野の活動に参加する機会が確保される上での各般の課題（以下「地域生活課題」という）を把握し、地域生活課題の解決に資する支援を行う関係機関（以下「支援関係機関」という）との連携等によりその解決を図るよう特に留意するものとする。

2 利用者の支援ニーズを把握するためにメンバーを指導する

支援ニーズは利用者のアセスメントから導き出され、そのニーズに応じてケアプランや支援計画が立てられる。そのためアセスメントが利用者の思いを適切にくみ取る内容でなければならない。利用者の身体状況、精神状況、暮らしぶりに関する情報が網羅的に集められていることが適切なアセスメントの条件である。また、支援計画やケアプランを評価する場合は、特定の利用者に対してチームメンバーが同時にアセスメントし、支援計画やケアプランを作成させる。その結果、同じ水準の支援計画やケアプランが作成されていれば、妥当性のあるアセスメントと信頼性のある支援計画、ケアプランづくりがチームの中で行われていることを確認することができる。

◉**アセスメントから支援計画づくりまで：**アセスメントからニーズを抽出する際に注意すべき点は、利用者の生活全体を見ていることである。アセスメント結果からニーズを導き出し、支援計画やケアプランを立てる作業は、点である利用者の情報を線でつなぎ、ひとつのニーズを導き出す作業である（**図表２－２参照**）。アセスメントから支援計画づくりまでの一連の作業をチームリーダーが率先して手本を示す必要がある。それとともにメンバーが一連の流れを理解するためのカンファレンスや研修会を定期的に実施することが求められる。

3 チームでのモニタリングを考える

支援計画に基づくサービス支援は支援後のモニタリングが必須である。その点をチームリーダーはメンバーに伝えるとともに定期的にモニタリングの結果を共有する機会を設定することが責務である。モニタリングで得られた情報によって、支援内容が更新され、その更新された点をメンバーが共有できるような情報共有の仕組みづくりもチームリーダーの役割である。

◉**日常の申し送りやカンファレンス開催の大切さ：**大がかりな情報システムではなく、朝の申し送りの際に更新された利用者の情報をメンバーに伝え、それが記録として残される程度の仕組みによって最低限の情報共有は可能である。アセスメントからニーズの抽出、モニタリングまで一連の過程を有機的なサイクルとするために、チームリーダーは、組織づくりとそのためのツールを準備する必要がある。

アセスメントをしてプランを立て、モニタリングをしながら支援の軌道修正を行うサイクルは、品質管理などに活用されているPDCAサイクルと同様である。Plan（計画）は、利用者のアセスメントであり、Do（実行）は実際のサービス支援、そしてCheck（評価）はサービスを提供しながら利用者の状況を確認するモニタリングとなる。そして、Act（改善）は、利用者の生活の質を確認し、状況に応じて再度アセスメントを行い、その結果をもとにした支援内容の変更につながる。チームリーダーは、このサイクルが循環するようにカンファレンスの開催、日常の申し送りの徹底に努めなければならない。

●図表２－２　アセスメントから支援までの流れ

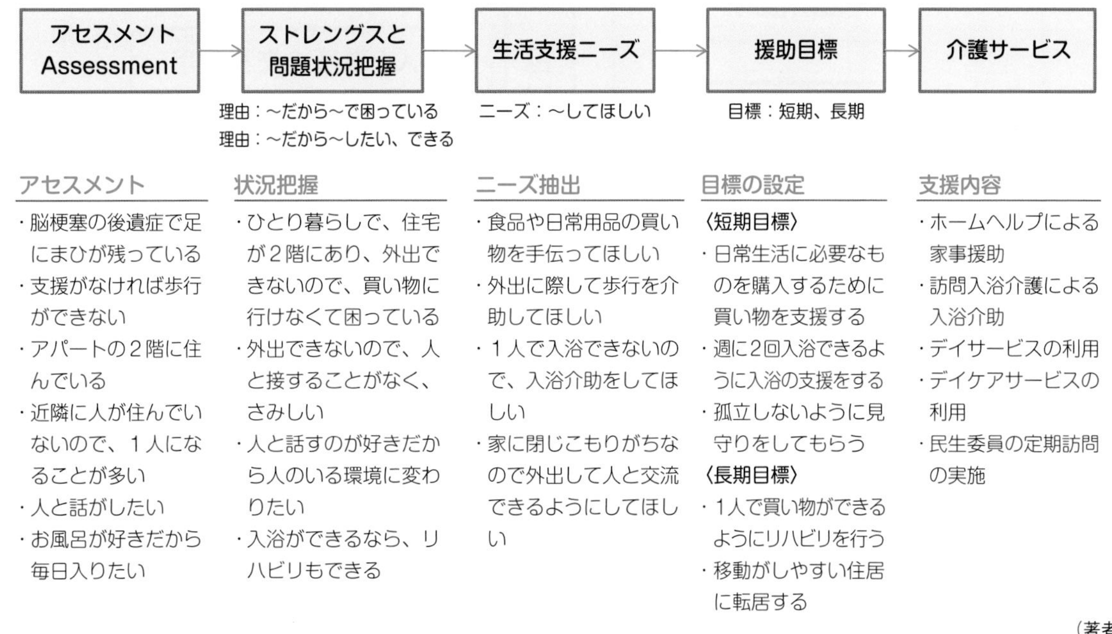

（著者作成）

福祉ニーズの基本構造とニーズ把握の方法を理解し、チームの専門性を高める

1 福祉サービスの基本構造とジェネラリスト・ソーシャルワークを学ぶ

福祉サービスには、利用者の生活に応じた質の高い支援が期待される。福祉職員には、相対する個人だけではなく、相互関係にある家族、集団、地域社会など多様な環境を考慮した支援が求められる。

◉**ジェネラリスト・ソーシャルワークの考え方：**例えば、児童虐待の支援をする際には、虐待を受けている児童と虐待をしている者を見て支援するだけではなく、虐待に至った背後にある貧困や介護負担、家族関係などの複合的な問題にも目を向け、関係する家族などへの集団援助を含め、さらに利用者の住む地域の援助を含めて支援しなければ、対象者の問題が解決しないことがある。このような包括的な支援をジェネラリスト・ソーシャルワークと言う。

ジェネラリスト・ソーシャルワークは、福祉サービスが個別援助、集団援助、地域援助へと専門分化したことによって、利用者の暮らしを包括的に支援する必要性の気づきから生まれてきた援助理論である。利用者や家族を支援するレベル、地域の社会資源との調整を図りながら支援するレベル、制度や政策の改善等の働きかけを図るレベルがあることを理解する。それぞれのレベルはミクロ、メゾ、マクロと呼ばれる。

チームリーダーは多様な視点での支援があることを知り、利用者の全体を想像しながら業務を遂行することが重要である（**図表２－３参照**）。

●図表２－３　ジェネラリスト・ソーシャルワークの概念図

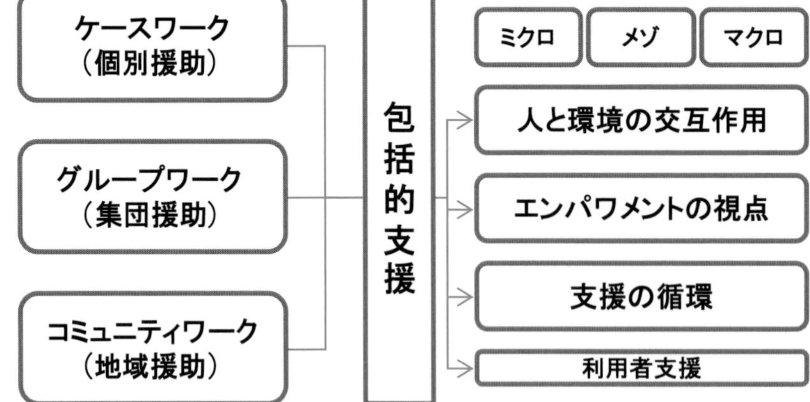

（著者作成）

2 福祉サービス実践の基本的視点と包括的な支援に取り組む

福祉サービスの実践は、利用者に代わって問題解決するのではなく、利用者が主体的に問題解決ができるように福祉サービスや社会資源を紹介し、利用者の生活の質を上げることにある。チームリーダーは、利用者の生活環境を包括的にアセスメントし、そのアセスメントに基づいた支援計画

づくり、サービスの提供、モニタリングが連続して行われるようにチームメンバーを指導する立場にある。

◉**包括的アセスメント：**利用者の主体性を重視し、利用者の生活を肯定的に受け止め、利用者の多様性や置かれた環境を考慮することである。チームリーダーはこのような広い視点をもち、チームメンバーが利用者に対して包括的な対応ができるように指導する必要がある。

チームメンバーには、ニーズの捉え方、利用者理解、支援の展開方法を整理して体系的に示す必要がある。具体的には次の点をチームメンバーに周知することが望まれる（**図表2－4**参照）。

なお、チームリーダーは、上記の理念を実現できるように職場環境を整える必要がある。例えば、チームで支援のためのサイクルが循環するように記録の共有、申し送りなどを徹底し、メンバーで分業して業務の仕組みが動くようにする。

3 チームリーダーが実践で果たす役割を知る

福祉サービスの実践の場において福祉職員にまず求められることは、個々の利用者への支援を必要に応じて適切な水準で行うことである。あわせてチームで支援する場合は、サービス内容の全体を把握し、協働によるサービスの格差が生じないようにチームによるサービス全体の運営を管理することが求められる。

◉**包括的視点から導き出された支援を：**チームリーダーが実践で果たす役割としては、利用者への支援内容が、利用者の包括的視点から導き出されているかの確認がある。そのために利用者のアセスメントからモニタリングまで、チームメンバーによって適切に分業されているかを確認することが求められる。

また、利用者への支援内容が、法人・事業所内だけではなく、利用者が関係する団体、集団、地域行政などの多岐にわたることから、チームリーダーは地域の社会資源との連携をとり、活用できる関係を維持することが求められる。

●図表2－4　包括的支援のためのニーズ把握と支援の展開方法

周知項目	具体的な内容
環境要因との交互性	利用者のニーズは利用者の個人的な要因だけではなく、環境要因との交互作用として捉える。障害や病気だけに着目せず利用者の生活環境との交互性に着目する。
利用者の自律性	利用者は自律的に自らの課題を解決する力と尊厳を有しており、支援者である福祉職員は、利用者の自立を支援する視点をもつ。
支援サイクルの循環	利用者への支援は、利用者との関係形成からはじめ、アセスメント、支援計画作成、支援、モニタリングのサイクルを繰り返し行うことを徹底する。
支援レベルの配慮	利用者への支援は、利用者と直接関わる人へのミクロレベルでの支援、利用者が生活する地域、集団、施設などメゾレベルでの支援があり、それぞれのレベルでの支援を融合して行う必要がある。

（著者作成）

福祉サービスの特徴と評価について理解する

1 福祉サービスに評価が必要な背景を理解する

福祉サービスは、他のサービスとは異なり、実際にサービスを受けてみないとその良否がわからない。物品のように事前に十分に吟味したうえでサービスを購入したり、返品したりすることができない。さらに他のサービスに比べ福祉サービスは利用経験が少ないため、サービス水準の判断が難しい。言い換えると、サービスを選択する際、よりよいものを選ぶために必要な情報が不足しているために、サービスの選別行動の抑制が起こる。その結果、一般的に知られているサービスなどに比べて福祉サービスは競争原理が働きにくく、淘汰が起こりにくい。

◉**福祉サービスの評価の難しさ**：福祉サービスは、ほとんどが人の手を通して提供される。そのためサービス提供者の人的要素、例えば人となりが大きく作用する。人を介するため同一のサービスを再び受けることは難しい。また、利用者とサービス提供者との人間関係が関与するため、どの対象者にも同じ質のサービスを再現することが困難である。

◉**サービスの安全と品質を管理するために**：福祉サービスの利用者は幼児であったり、要介護高齢者であったりするために、小さな支援のミスで起こる事故、過誤が利用者に大きな影響を与える恐れもある。さらに、福祉サービスは居宅であれ、施設であれ、多少の違いはあるものの一種の密室状態で提供されることが多いために、第三者の目が行き届きにくい点も配慮すべきである。

このように福祉サービスの現場には、さまざまな事故、過誤のリスクが隠れている。サービスの安全と品質を管理するために第三者による客観的な評価を受け、利用者からの苦情に応えられる体制を法人・事業所内に構築し、情報を収集する体制をチーム内で形成しなければならない。

2 福祉サービスと利用者の感情を理解する

福祉サービスの評価においては、利用者の主観が強く働くためサービスの評価結果に大きな個人差が生まれる。同じサービスでも利用者によって満足度も異なる。サービスの技術面よりも、優しい語り口や親切な対応などの感情面が評価される傾向があったり、サービス提供者の技術が感情的に低く評価されたりすることもある。同じようにサービスをしていても、ある利用者には高く評価され、ある利用者には酷評されるといった極端なケースも福祉サービスの現場では見られる。このことによって職員が落ち込んでしまったり、燃えつき症候群になってしまったりすることが出てくるため、チームリーダーは職員に対して福祉サービスの特性を説明し、職員のストレスの軽減を目指す必要がある。

◉**進化するサービスと品質管理を現場レベルで考える**：さらに福祉サービスは日進月歩で進化しており、そのことによる混乱も起きやすい。例えば、高齢者介護において訪問入浴介護と入浴介助の違いは、利用者である高齢者自身はもとより家族にも十分に理解されていないのが現状である。事前の正しい知識がない場合には、サービスの内容とその質に対する過大な期待が生まれがちである。

福祉サービスの特徴は、さまざまな事故、過誤のリスクとなりうる要素を多く含んでいるものである。例えば訪問介護の食事介助で、利用者はプロの調理師の調理を期待していて、ホームヘルパーがつくる食事に苦情を言うことがある。こうした認識の違いからわかるように、福祉サービスの本質や内容を利用者は必ずしも把握していないことを理解しておかなければならない。

3 福祉サービスの品質管理を推進する

近年、福祉サービスにおいてもISOなどの第三者評価を業務に取り入れ、より客観的な評価を受けてサービス品質を管理することが普及してきている。第三者評価の利点は客観的な評価を受けることができることである。しかし一方で、福祉サービスは提供と利用が同時に行われるため同じことを再現することが難しく、利用者の満足度はサービス提供者との人間関係に左右されることもある。福祉サービスを提供する現場のチームリーダーは、福祉サービスの品質管理に敏感でなければならないし、品質管理のための手立てを現場のレベルで考えることが求められる。

◉**第三者評価だけでなく、職員相互で品質管理を**：そのことから、第三者評価だけでは十分にその品質の評価がカバーできないという課題をもつ。したがって、チームリーダーは第三者の評価に加えて、サービスを提供する職員相互の品質評価ができるようにサービスの提供方法を考える必要がある。

ベテランと新人のペアによるサービス提供、タイプの違う職員によるサービスの提供とその内容の検証といった、現場で小さな評価を積み重ねることで、サービスの可視化、定型化、品質の維持を図る努力をすることが求められる。

●図表2－5　サービス評価の種類と特徴

区　分	評価主体	目　的	特　徴
自己評価	事業者	業務の改善 顧客に対するPR	・事業者の実情に応じた評価が可能 ・評価のフィードバックが容易 ・主観的評価になりやすい ・利用者満足度などの把握は限界がある ・結果の公表は恣意的
第三者評価	行政（監査組織）	監督・指導行政 行政処分	・客観的評価が可能 ・基準適合評価にとどまる ・結果の公表は行政処分のみ
	行政（消費行政）	消費者保護	・苦情情報収集が中心 ・結果は公表される
	業種団体	加盟団体の質の向上	・業界のガイドラインに基づく評価 ・結果の公表・非公表はさまざま
	独立団体 ISO等	特定の目的 （委託、助成の根拠など）	・団体と連携した品質管理が可能 ・客観的な評価が可能
	親企業・提携企業	関連会社の信用担保	・グループに特化した評価
利用者評価	利用者団体	利用者保護	・結果に対する評価が可能

（岸田宏司、長沼健一郎『民間シルバーサービスと消費者保護問題』㈱ニッセイ基礎研究所所報、1997年より著者作成）

チームメンバーの職業上の価値観、倫理観を育てる

1 指導すべき倫理観の基本を押さえる

福祉サービスの特徴は、利用者に密着してサービスが提供され、さらに、施設内や居室内など閉じられた場所で行われるケースが多いことである。また、利用者のほとんどはなんらかの支援を必要とする幼児や障害者、要介護高齢者などであり、小さな事故や過誤が利用者の生命を脅かす深刻な事態になりかねない。

◉**専門職の役割と利用者のニーズ**：利用者の意向と支援者側の意向が一致せず、支援方針と利用者の意思との板ばさみ（ジレンマ）に福祉職員が陥ることも多い。例えば一定の身体機能を維持するために利用者にリハビリを行おうとするが、利用者から「もう年だからつらいリハビリはしたくない」と断られた場合、専門職としての役割と利用者ニーズの相違をどのように解決するかが問われる。

チームリーダーは、利用者への説明と利用者ニーズへの配慮を行うための方針を明示し、具体的な問題解決はメンバーができるように指導することが必要である。

さらに、福祉サービスは、本人のニーズに応じたサービスを提供するために、利用者自身の生活履歴や病歴、身体状況など個人情報を扱うことが多く、業務上知りえたことについての守秘義務など、職種上守らなければならない倫理上の課題が多くある仕事である。

◉**守らなければならない倫理上の課題**：利用者が何を求めているのか、人間らしい生き方はどのような生き方であるか、といった基礎的な理解が倫理の始まりである。あるいは、自分の家族がサービスを利用するとしたらどのようなサービスを受けたいか、という視点で自らが提供している福祉サービスを点検するなどの取り組みを、チームリーダーの指導のもとでメンバーが現場で実践することが福祉職員の倫理観を育む出発点となる。

介護福祉士、社会福祉士などの専門職団体にはそれぞれ倫理綱領があり、倫理綱領に基づいた行動が求められている。そのため職場のチームリーダーはこういった専門職の資格を取得するようメンバーに指導するとともに、資格を取りやすい職場環境をつくるように管理者に対して進言する必要がある。それに加えて、組織の上下を超えて、職員同士が福祉現場での倫理について考える環境づくりがチームリーダーの役割である。

2 倫理観を学び合い、共有する機会をつくる

社会福祉士、介護福祉士、精神保健福祉士などの公的な資格を有する職員は、よりどころとなる専門職の倫理規定があるため、利用者への接し方や個人情報の取り扱いなどについても基本的な倫理観をもっていると考えられ、職場でも職制に応じた倫理的な行動が期待される。

◉**倫理観を学び、共有する機会を**：資格をもたない職員、取得に至らない初任者などは、職場内の倫理規定について新任研修などの機会に徹底して学習することが必要である。

福祉サービスの現場で行われるOJT等による倫理教育に加え、職場で重視される倫理について自己学習ができるマニュアルや教材を提供したり、教材を活用した社内研修の機会を設けたりする体制を整えることが求められる。また、管理職員に対しても、職員の倫理観を養う機会を業務内に設けることを提案し、メンバーの学習時間の確保に努めることがチームリーダーの役割である。

3 ケースを通したチームメンバーの倫理力向上を図る

福祉サービスに携わる職員に必須である職業上の倫理を確実に職員に定着させるため、チームリーダーは指導方法を工夫する必要がある。

◉**倫理綱領を業務でどう応用するか：**各専門職団体の倫理綱領を読み比べ、自身の業務において応用できる事柄を見つけ出し、それを身につけることがそのひとつである。例えば、日本介護福祉士会の倫理綱領では、「利用者本位、自立支援」「専門的サービスの提供」「プライバシーの保護」「総合的サービスの提供と積極的な連携、協力」「利用者ニーズの代弁」「地域福祉の推進」「後継者の育成」が項目としてあげられており、利用者の尊厳保持、守秘義務、アドボカシー、ニーズに沿った支援など福祉サービスにおける基本姿勢が網羅されている。これらを参考に自身の業務でどのように応用できるかをメンバーが考えることで、メンバーの倫理観を養うことができる。

◉**ケーススタディで倫理観を育てる：**夜間の不適切な対応、利用者に対する言葉づかいなど、いろいろなケースを取り上げ、チーム、職場で検討し、職業的な倫理を身につけるためのケーススタディによる学習も有効であると考えられる。職業倫理については、社会福祉の仕事につくそのときにすでに身につけておくべきものであり、チームリーダーは管理職員とともに、初任者を中心とした倫理教育の場の形成に努める必要がある。

●図表２－６　福祉施設における倫理観チェックリスト

施設名　　　　　　　　　評価実施者　　　　　　　　　評価実施日

カテゴリ	レベル診断チェック項目	自己評価コメント
レベル1	□ レベル2のチェック項目に該当しない場合はレベル1とする	
レベル2 倫理観を涵養する仕組み	□ 施設が求める倫理観が明文化されており、それが職員に対して提示されている □ 倫理観を涵養する機会（研修や勉強会など）がある	
レベル3 倫理観を涵養する効果的な仕組み	□ 施設の実態を反映した、倫理観の設定と涵養の仕組みが構築されている □ 組織が求める倫理観に基づいて、具体的な行動方針や対応例が示されている	
レベル4 倫理観を涵養する仕組みの見直し	□ 定期的に研修等の効果を把握し、内容、方法、時期等の妥当性を評価する仕組みがある □ 評価結果に基づいて仕組みの見直しを行っている	
レベル5 倫理観を涵養する仕組みの自発的・継続的な改善	□ トップダウン、あるいは規定された方法に限らず、現場から自発的に倫理観を涵養する仕組みに関する提案がなされている □ 現場からの提案を吸い上げ、反映させる仕組みがある	

東京都福祉保健局『社会福祉施設における組織管理ガイドライン～成長できる組織づくりとは～』2012年2月、118頁より一部改変

前巻までのポイント

福祉サービスの基本理念と倫理

以下の内容は、『福祉職員キャリアパス対応生涯研修課程テキスト』〔初任者・中堅職員編〕の第2章のポイントを抜粋したものです。

1 福祉サービスの基本理念【初任者編・第2章第1節】

■社会福祉は人間が本来もつ生きる希望と独自の力を引き出し、人が生涯にわたり自分自身の尊厳をもって、豊かな生活を実現できるように支援することをいう。

福祉サービスの基本的理念〈社会福祉法〉

第3条　福祉サービスは、個人の尊厳の保持を旨とし、その内容は、福祉サービスの利用者が心身ともに健やかに育成され、又はその有する能力に応じ自立した日常生活を営むことができるように支援するものとして、良質かつ適切なものでなければならない。

2 福祉職員に求められる５つのポイント【初任者編・第2章第1節】

1. 利用者の権利、人権を保障する
2. 利用者の秘密保持
3. 利用者の代弁者
4. 専門知識・技術の向上
5. 社会への働きかけ

（著者作成）

3 利用者を過去・現在・未来の時間軸で理解する【初任者編・第2章第2節】

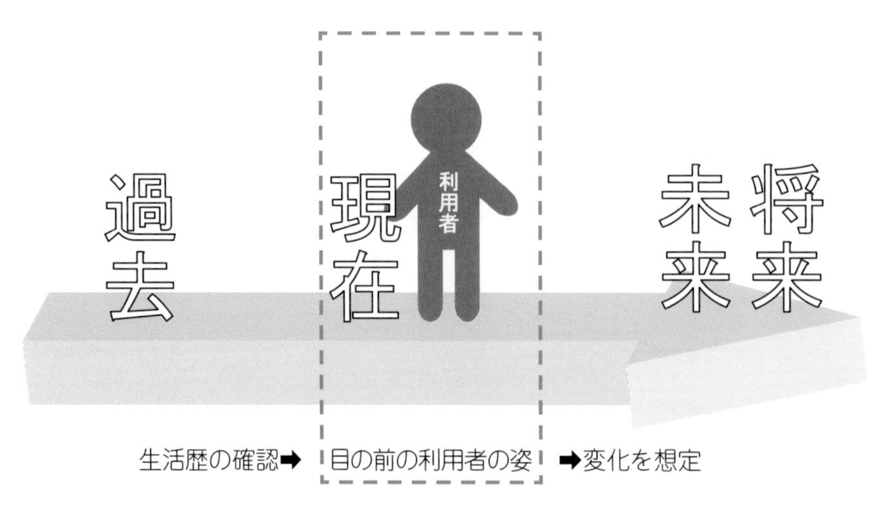

（著者作成）

4 ケアマネジメントにおけるストレングスの応用【中堅職員編・第２章第４節】

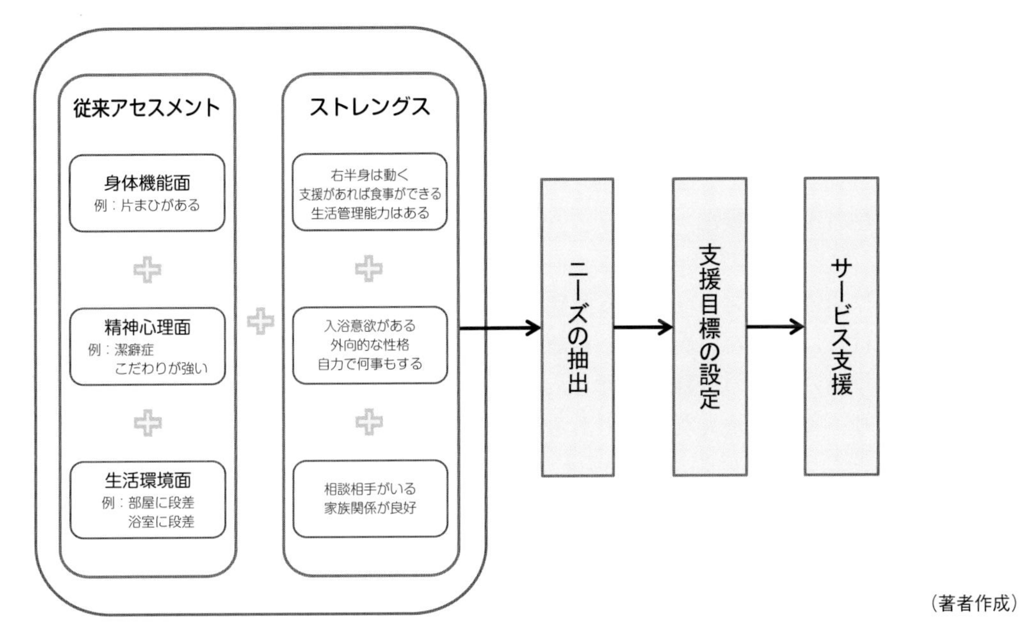

（著者作成）

5 対人サービス・福祉サービスの特性【初任者編・第２章第４節】

（著者作成）

6 福祉サービスの評価体系【中堅職員編・第２章第５節】

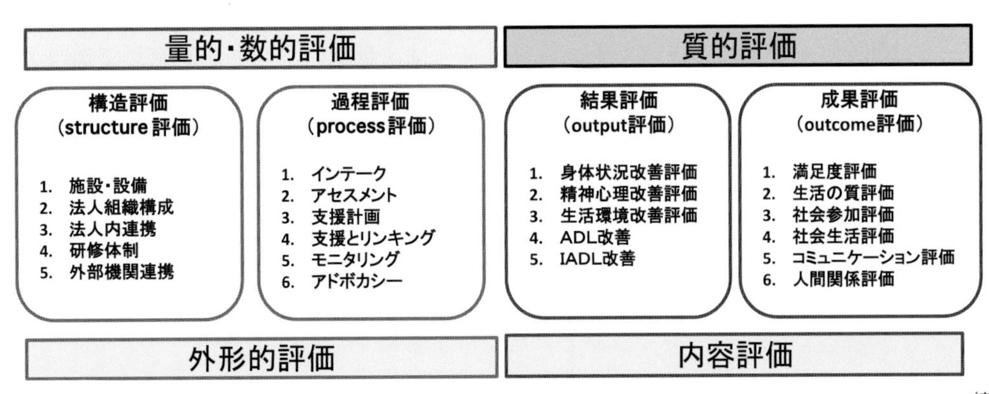

（著者作成）

ティータイム

「火事だ！」と社長が叫べば、部下も「火事だ！」と叫ぶ組織からの脱却

チームの役割分業の必要性

- 仕事は組織のメンバーによる協働で進められる。組織のメンバーが自分の仕事を理解し、何をしなければならないかを正しく認識したうえで行動をしなければ仕事は円滑に進まない。メンバーである職員の行動を管理し、決められたことができるように組織全体を管理することがチームリーダーの重大な仕事である。
- 組織として絶対に陥ってはいけない状態に「火事だ、火事だ」組織がある。会社が火事になった。社長が「火事だ！」と叫ぶと、その部下である部長も「火事だ！」と絶叫する。それを聞いた課長も係長も、そして平社員も口々に「火事だ、火事だ」と叫ぶ。まさかこのような組織はありえないと思うかもしれないが、上司の言ったことをそのまま部下に伝えてしまうことは、日常の仕事では珍しくない。
- 社長が「火事だ！」と社員に警告すれば、部長は被害の拡大を防ぐために消防署に通報し、現場の責任者である課長は「初期消火に当たれ」と命令する。その指示を受けたチームリーダーは初期消火をしながらメンバーの安全を確認し、状況に応じて避難指示や重要書類の運び出しなどの指示をしなければならない。つまり、火事という出来事に対して組織のそれぞれの立場で対応することが肝心である。
- しかし、上司の言ったことを伝言ゲームのように伝えてしまうことが起きるのは、それぞれのポジションの人たちが自身の仕事を正確に把握していないことの証左ではないか。あるいは、自分自身の仕事に責任をもっていないために起こりうる悲劇である。

チームリーダーの姿が職員のお手本

- チームリーダーは自分自身の責任と仕事にプライドをもって臨むことが求められる。まず、メンバーに対して、何が求められているかをわかりやすく伝えることが必要である。具体的には、必要な行動を自分がやってみせる。次に、期待される行動をとる職員を評価し、その行動をとることが法人・事業所にとって重要であることを伝える。そして、法人・事業所が求める行動をとれる職員を評価し、具体的な模範として示すことがチームリーダーの仕事である。
- 組織はひとつにまとまることが重要だが、それぞれの立場を守りながら全体の方向性を見失わないようにすることが必要である。チームをボートにたとえるならば、乗組員であるメンバーは左右にバランスよく分かれて座ることが必要である。どちらか一方に偏ってしまうとボートは簡単に転覆してしまう。チームリーダーは、現場のボートが安定して進むようにバランスよく職員を配置し、目指す方向にボートが進むように管理することが求められている。バランスのよい配置ができれば、少々の波があっても組織であるボートは沈まない。メンバーがそれぞれのチームで、それぞれの仕事ができる環境をつくることこそチームリーダーの果たすべき重要な職務である。

第3章 メンバーシップ

チームリーダーとしてのリーダーシップの醸成（じょうせい）

目標

◉チームリーダーに求められるのは明確なリーダーシップの発揮である。所属するメンバーが相互に信頼、協力し合って、目標達成に突き進むことができるようチームを引っ張っていく。利用者本位サービスの実現に向けて一致協力して進むチーム体制を整備する。この重要な役割を担うチームリーダーとなるために、第3章では次の5点について学びを深める。

◇チームリーダーの責務、チームリーダーとして果たすべき役割と使命を学ぶ
◇チームリーダーが習得すべき思考・行動特性を学ぶ
◇チームリーダーに求められるコミュニケーションの技法。部下や後輩職員の思いを把握するためのコミュニケーションスキル。信頼関係強化に向けたコミュニケーションのポイントを学ぶ
◇チームの目標、計画、方針を、どのようなスタンスと手順によって実現していくか、基本技法を学ぶ
◇自己の振り返り。チームリーダーとして何を成し遂げ、どこに課題があるか、振り返りの技法を学ぶ

構成

❶ メンバーシップの意味を理解し、醸成（じょうせい）する
❷ チームリーダーとしての基本姿勢を身につける
❸ チームリーダーとして適切なコミュニケーション技術を身につける
❹ チームの目標達成と問題解決に向けた力を身につける
❺ 自己を振り返り、よきチームリーダーとなるための課題を把握する

＊ティータイム＊……………… 頼りにされるチームリーダーとなる課題にチャレンジしよう

1 メンバーシップの意味を理解し、醸成する

1 チームリーダーに求められるメンバーシップの意味を理解する

組織メンバーは職種、職階にかかわらずメンバーシップの発揮が求められる。メンバーシップとは、組織メンバーの一人ひとりが、プロとして果たすべき役割と使命を正しく理解し、組織目的の達成に向けて行動を起こすこと。そして、その結果、所属する法人・事業所や部署、チームの発展に寄与していくこと、をさす。その構成要素は**図表3－1**のとおりだ。

全ての職員に、リーダーシップとフォロワーシップを存分に発揮する責任があるが、職階を上るにしたがって、担うべきリーダーシップとフォロワーシップの比率は異なってくる。チームリーダーの立場になれば、所属するチーム内あるいは実践現場において、部下や後輩職員に対してリーダーシップを発揮する割合が格段に増える。

だからこそ、チームリーダーの立場にある者には、どのようなリーダーシップを発揮することが求められるのか、理解を深めることが重要な課題となる。

2 上司とのコミュニケーション、信頼関係を深める

職員は、チームリーダーが何をしているか、どのような価値観、方針、思いをもって働いているか、つぶさに観察している。とりわけ、チームメンバーが注目しているのは、チームリーダーと上司との関係だ。

両者の関係がうまくいっていないようだと、部下であるチームメンバーも不安になる。「本当にこのチームリーダーについていっていいのか」「チームリーダーの言うとおりに動いていたら上司から苦言を呈されるのではないか」などといった思いが頭をもたげる。チームリーダーを支えたい思いがあっても、全力で支えることが困難になる。

チームリーダーと上司との関係が、チーム全体の士気に及ぼす影響は極めて大きい。だからこそチームリーダーは上司とのコミュニケーションを積極的にとり、常に信頼関係をもって働けるよう努力しなければならない。

3 「耳が痛い」「耳障り」な情報も、隠さず上司に提供する

チームリーダーがチームをよりよい方向にいざなうには、上司への正確かつタイムリーな情報提供が欠かせない。チームの状況を適宜、上司に報告し、チームがどのような成果をあげているか、どのような課題に直面しているか、どのような問題の解決に向けて動いているのか、必要な情報を提供する。

その際に忘れてはならないのは、上司にとってたとえ耳が痛い情報あるいは耳障りな情報であっても、隠さずに真実を伝える姿勢を貫くことだ。

正確な情報がタイムリーに届いていれば、上司はチームリーダーに、どうすればいいか、的確かつすみやかにアドバイスできる。組織や部署が掲げるビジョンとは異なる方向にチームが進もうとしているとき、修正に向けたアドバイスを提供できる。

顧客からの信頼を失い、ブランド価値の凋落（ちょうらく）が止まらない組織は、管理職員あるいは経営陣に職場のリアリティが伝わらなくなるという共通の特徴がある。伸びゆく職場は、たとえうまくいかないことも、上司や幹部職員の耳に届くという特徴がある。

福祉の職場でその役割を担うのは、最前線の福祉現場の指揮官であるチームリーダーだ。上司との信頼関係と協力関係を高め、一致協力して問題解決を図る姿勢を示さなければならない。

4 人材育成の目指すべき方向を理解する

チームリーダーに求められる大きな役割のひとつは、利用者にとっての宝となる人材の育成である。現場の実践リーダーとして、この役割をまっとうするには、どのような人材の育成を目指すのか、理解していなければならない。育成すべき人材像は次のように整理できる。

- ■福祉の職場で働く職業人に求められる職業倫理に基づく業務姿勢を身につけ、高い倫理観をもって働く人
- ■法人・事業所が掲げる運営理念（実践理念、介護理念、保育理念等も含む）の実現に向けて行動する人
- ■組織やチームの発展、よりよきサービス実現、目標達成の責任は自分にもあるとの強固な当事者意識を有する人
- ■上司からの指示がなければ動けないという受け身の姿勢ではなく、積極的、自発的に職場をよくするための行動を起こせる人
- ■組織に対する忠誠心、すなわち、職場に属している限りは組織が掲げる理念に忠誠を尽くすのが自分の使命であるということを自覚できる人
- ■職業人として、使命感・責任感を頭だけでの理解で終わるのではなく、行動と実績で示せる人
- ■うまくいかないことがあっても（一時的に心が折れそうになることがあっても）、立ち直る再生力（レジリエンス）のある人
- ■よりよいサービス（支援、介護、保育、療育等）の実現に向けて、他の職員と協力しながら努力邁進する人
- ■さまざまな職種のメンバー、他部署のメンバーとの信頼関係を築き、協力して利用者の幸せを実現できる人
- ■職場内の課題や問題の解決に向けて、一致協力して力を尽くす人

●図表3－1

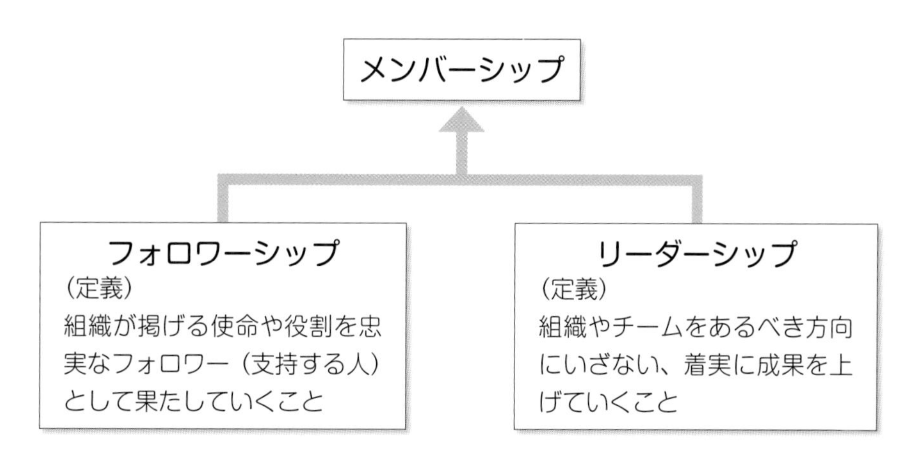

（著者作成）

チームリーダーとしての基本姿勢を身につける

1 共感的リーダーシップを発揮し、“納得力”を身につける

職員をあるべき方向に導くという重要な役割を果たすチームリーダーには、“納得力”の習得が欠かせない。納得力とは「このチームリーダーの指示であれば、納得だ。心からついていきたい」「一緒に夢を実現したい」という思いを強くさせる力である。

この力を身につけるには、常に部下や後輩職員の思いに心を馳せる姿勢が必要となる。力ずくで従わせる強権的リーダーシップではなく、信頼関係をベースとした共感的リーダーシップの発揮が求められている。

2 チームリーダーに求められる思考・行動特性を身につける

真の意味でリーダーシップを発揮する職員となるためには、リーダーとしての思考・行動特性の習得が求められる。後輩職員が「いつか自分もああなりたい」との思いを強くする魅力あふれる姿勢を身につけるよう努めなければならない。チームリーダーとして習得すべき思考・行動特性は次のように整理できる。

①**人に動けという前にまず自分が動く（率先垂範力）**：職場内に解決しなければならない問題や課題があるとき、まずその一歩を自分が踏み出す姿勢を示す。人に改善に向けて行動せよと指示する前に、自分が行動を改める姿勢を示す。

②**どのような使命を果たすために働くのか把握し、使命達成に向けて「あきらめない」「くじけない」「投げ出さない」姿勢を示す（使命把握力）**：自分は何を果たすために働いているのか、常に意識する姿勢をもつ。使命達成に向けて、不退転の決意で挑む姿勢が、チームメンバーの気持ちを鼓舞する。

③**うまくいかないことを人のせいにせず、自己の業務を点検する（自己点検力）**：チーム内にうまくいかないことがあるとき、チームリーダーである自分の姿勢や業務のこなし方に問題がないか、点検する姿勢を示す。チームメンバーの働く姿勢や業務手順に問題がある場合であっても、上から目線で批判する姿勢は示さない。何が彼や彼女をその状況に追いやったか、原因を探り、適切な改善策を提案していく姿勢を示す。こうした姿勢がチームメンバーからの信頼感を高める。「うまくいかないことがあっても安易に人のせいにされることはない」との安心感がチーム内に広がる。

④**意識改革とは行動改革をともなうものであるとの姿勢を示す（意識改革力）**：職業人としてものの見方をあるべき方向に変えていくというのは、単に、ものの見方を変えることに終始するのではない。例えば、利用者本位のサービスや権利擁護の理念を学び、理解したのであれば、これまでの行動を改める、あるいは、レベルアップを果たすという形になって表れなければならない。

⑤**自分のキャリアに責任をもつ（キャリア責任力）**：プロ意識をもって働くとは、自分のキャリアに責任をもつ意味である。プロと呼ぶにふさわしい、専門的な知識や技術を磨いていく姿勢を示し続けるとの意味である。

プロと呼ぶにふさわしい知識や技術がともなわない状態では、どのような支援を利用者に提供していくのか、職員間で十分な議論はできない。知識や技術が不十分ななかでの議論は、主観のぶつかり合いに終始しやすく、職員間の人間関係を崩壊させる一因になる。

⑥常に業務を振り返る習慣がある（振り返り力）：強いプロ意識をもって働く職業人は、仕事をやりっ放しにしない。常に業務を振り返り、改善すべき点がある場合は、躊躇せず行動を起こす姿勢を示す。

⑦常に新しい何かを追い求める、チャレンジ精神がある（チャレンジ力）：チームリーダーが現状維持にあぐらをかいていれば、チームには沈滞ムードが漂うようになる。「このままでいい」という雰囲気になる。時代の変化はめまぐるしい。つい最近までレベル以上と見なされていた業務の手順や方法が、「時代遅れ」と見なされる場合がある。チームをレベルアップが図れる集団にするには、常に新しい何かを追い求める姿勢が必要だ。チームリーダーがその姿勢を率先垂範していくことが必要となる。

⑧苦しいときであっても、よい方向に物事を考える力がある（ポジティブ思考力）：チームリーダーには、ポジティブな姿勢が不可欠である。いい結果が出せない苦しいときであっても、チームリーダーが「大丈夫、私たちなら必ずやり遂げられる」との姿勢を見せれば、チームメンバーも心穏やかに難局に向き合える。このチームリーダーのもとであれば、今はちょっと苦しいけれどやり遂げられるとの安心感が共有できる。

⑨誰に対してもプラスの視点で捉える姿勢がある（プラスの視点力）：使命を十分に果たせていない人に対して、「ダメな人だ」「能力がない人だ」などとマイナスの視点で見る習慣がついてしまえば、その人への態度は批判的・非難的・指示的・威圧的になりやすい。チームリーダーの役割は批判や非難に終始することではない。何が彼や彼女をその状態に追いやったのか、原因を探り、適切なアドバイスをする。そして、本来もっている能力をフルに発揮できるよう、あるべき方向に導く姿勢が求められている。

⑩後輩職員をサポートする姿勢を目に見える形で示す（職員サポート力）：信頼関係構築の必須要素は、相手に対して敬意を示すことである。たとえ、年齢が下の者であろうと、職階で下の位置にいる者であろうと、この基本的姿勢に変わりはない。ただし、敬意は心の中に抱くだけでは不十分だ。行動として示し、相手が実感できるようにする。その第一歩となるのが、「相手から学ぶ」という謙虚な姿勢だ。価値観、考え方、これまでの人生の歩み、人生のなかで大切にしていることなどを学ぶよう努力する。

そのうえで、後輩職員が目指す夢の実現に手を貸す姿勢を示す。「こんな職業人になりたい」との思いをサポートする姿勢を示していく。こうした姿勢を示すことが、後輩職員との信頼関係をより強固なものとする原動力となる。

●図表３－２　頼れるチームリーダーに求められる力

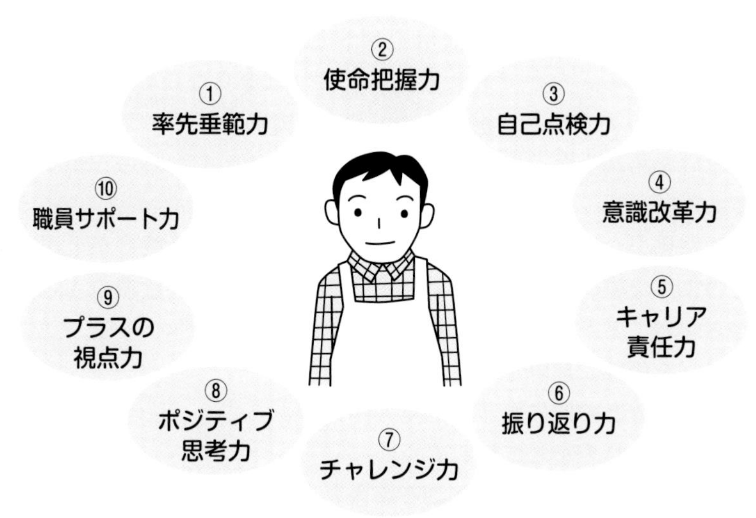

（著者作成）

チームリーダーとして適切なコミュニケーション技術を身につける

1 チームメンバーの思いに耳を傾ける

時代がいま求めるリーダーには、どの業界であるかにかかわらず、重要な共通点がある。それは、部下や後輩職員の思いを大切にするリーダーである。

職階で上位にいる者としての立場から、威圧的・高圧的・指示的姿勢で接し、有無を言わせず自分の思いどおり動かすという姿勢ではなく、チームメンバーとして働く部下や後輩職員の思いに心を馳せ、理解する姿勢を示す。メンバーの一人ひとりが心の中で抱く、職業人としての夢の実現に向けてサポートする。一人ひとりが所属する事業所・部署・チームのなかで、しかるべき役割と使命が果たせるようサポートする。

最も重要なポイントはチームメンバーの職業人としての幸せの実現に向けて、チームリーダーがもてる力の全てを使って、下支えしていく姿勢を示すことにある。メンバーの職業人としての職務満足度や働きがいの向上に貢献する姿勢を示すことが必要となる。

2 チームメンバーの「表に出にくい内なる思い」を理解する

共に働く職員の心情を理解し、信頼関係をつくりあげていくためは、彼らが日々どのような思いをもって働いているのか、「表に出にくい内なる思い」を理解する姿勢が欠かせない。

最も有効な手立ては、一対一をベースとしたコミュニケーションである。一人ひとりのメンバーとのコミュニケーションを通して、「どのような思いで働いているのか」「どのような価値観・援助観・保育観をもって働いているのか」「どのような経歴をへて現在の職場に入職し」「今ここで何を成し遂げたいと思っているのか」「どんなことが働く喜びとなっているか」「どんなことがよい仕事をするうえでのハードルとなっているか」、を学んでいく。

こうした取り組みを通して、思いを理解し、支える姿勢を見せることがメンバーに安心感を与え、リーダーへの信頼感の強化につながる。

3 安心感と信頼を育むコミュニケーションのポイントを理解する

職員の思いを把握するうえで、重要なポイントとなるのは、コミュニケーションをとるときにリーダーが示す姿勢である。なかでも、重視しなければならないのは、「どのような姿勢で話を聞くか」、「聞いた話をどのように受け止めるか」の2点である。この2点こそが、部下や後輩職員が安心して自分の思いを語れるか、あるいは、思いを示すことをためらうか、を決定づける重要な要素となるからである。

安心して語れる関係をつくりだすためのヒントは、部下や後輩職員が上司や先輩職員と話す機会をもつとき、どのような姿勢でいてほしいと思っているのか、無意識のうちに抱く「リーダーへの期待と要望」から学ぶことができる。それは次に示す5つに整理できる[1)]。

■私の声に十分に耳を傾け、理解してほしい

■チームリーダーと自分との間にたとえ意見の相違があっても、私のことを「役に立たない人」「ダメな人」という誤った見方をしてほしくない

■私のなかのよいところ、すばらしいところをきちんと見てほしい

■「この職場をよくしたい」という思いがあることを認めてほしい

■思いやり、敬意をもって接してほしい

チームリーダーの立場にある者はメンバーとのコミュニケーションの機会をもつとき、上記の5つの思いを重視した姿勢で接しているか、常に意識しなければならない。

続いて、上記の5つの思いをふまえたコミュニケーションの具体的なポイントを紹介する。

◉**傾聴する意識を強くもち、忍耐強く相手の話に耳を傾ける：**人と会話の機会をもつとき、話を聞く気持ちがあっても、つい自分のことを話しすぎてしまう傾向がある人であれば、「今日は、聞くのが仕事」「今日は聞くことに徹する」と自分に言い聞かせ、面談の場に向かうようにする。

◉**異なる意見を冷静に受け止める：**相手が自分とは異なる意見を述べたとしても、否定的・批判的な態度は示さない。何がそのような主張をすることに至る原因となったか、なぜ彼や彼女がそう主張するのか、を聞き出すよう努力する。

例えば、「業務レベルの向上は職員の増員がなければ図れない」と部下が主張したとする。上司であるあなたは、「いまいる人員が声をかけ合いながら、うまく仕事をやりくりすることで、ある一定の向上が図れる」との思いを抱いているとする。

この場合、相手の意見を否定したり、反対したりするのではなく、「そうですよね。皆さんが置かれている状況を考えると、職員の増員が必要との意見はよくわかります。では具体的に何人くらい増えれば、何がどこまでできるようになるか。一緒に考えてみましょう」などといった形で反応する。いったん相手の思いを引き取り、冷静に検討することで、他に今の人員の有効活用で向上を図るとのチョイスがあることを伝えるという方法をとる。

◉**職員としての実績を認めていることを伝える：**十分とはいえない働きぶりの場合であっても、まずはできているところを認める姿勢で接する。できていないところは原因をふまえたうえで、後日、どうすればよりよい業務ができるようになるかアドバイスする。

◉**意見、要望、見解を示してくれたことに、心から感謝の意を伝える：**次の機会もぜひ意見交換したい、また話がしたいとの思いを抱いてもらえるよう感謝の気持ちを明確に伝える。

◉**ねぎらいの気持ちを伝える：**職員のことを大切にしているとの思いを実感してもらえるよう、日頃から、ねぎらいの気持ちを伝える努力を欠かさないようにする。

1) Lee, C. & Zemke, R. (1995) "The Search for Spirit in the Workplace." In Spears, L.C. (ed.), Reflections on Leadership, Hoboken, N.J.: Wiley, p.110

●図表3－3　よきチームリーダーが習得すべき5つの姿勢

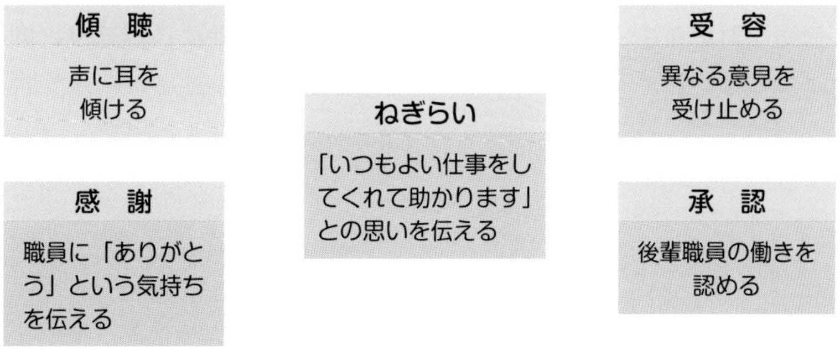

傾　聴
声に耳を傾ける

受　容
異なる意見を受け止める

ねぎらい
「いつもよい仕事をしてくれて助かります」との思いを伝える

感　謝
職員に「ありがとう」という気持ちを伝える

承　認
後輩職員の働きを認める

（著者作成）

チームの目標達成と問題解決に向けた力を身につける

1 組織全体の目標を常に意識しながら、チーム運営を考える

チームリーダーに求められるのは、明確なリーダーシップの発揮である。チームをあるべき方向に導き、着実に成果を上げていく。チーム目標の設定、計画立案、実行といった各プロセスのなかで、船頭役としての役割を果たしていく。こうした役割を果たすことで、チームの継続的な発展に貢献することがチームリーダーには求められている。

同時にチームリーダーが心を砕かねばならないのが、組織全体への貢献である。法人・事業所や各部署が掲げる目標の達成に向けて、チームがどのような形で貢献していくか。どのような役割を担っていくか。どのような手順と方法をもって取り組めば、組織全体の目標達成にチームとして貢献できるか。こうした点に常に思いを巡らせながら、チーム運営にあたらなければならない。

チームの構成メンバーに対しては、チーム内だけでなく、法人・事業所全体という広い視野をもって働くことの重要性を説き続ける。組織全体の目標達成に協力するよう、メンバーに働きかけるようにする。

2 チームリーダーとして気づいた点を法人・事業所や各部署に伝える

最前線の現場で働くチームを率いるチームリーダーとして気づいた課題や問題点を、上層部に伝えていく。これは、チームリーダーが果たすべき責務のひとつだ。

ケア（支援、保育）の最前線で何が起こっているのか、どのような課題や問題の解決が必要とされているのか。最前線の情報が正確に伝わることが、トップリーダーをはじめ幹部職員が決断を下す際の有力な手がかりになる。どの方向に進むべきなのか、どのような点を修正すべきか、正しい判断をするうえでの重要な資料となる。ある意味では、チームリーダーは、法人・事業所の運営に携わるトップが正しい判断を下すことを支えるサポーターである。こうした意識をもって任務に当たることが求められている。

3 目標の達成状況をチェックし、問題解決を実践する

チームリーダーは自分が率いるチームの目標・計画・方針の達成状況を適宜点検し、所期の目標どおり計画が進んでいるか、確認する役割を果たさなければならない。

万が一、達成不十分なところが確認できた場合は、問題解決を図り、チームが目標達成に向けて進めるよう、適切な対応策を立案し、実行に移す。チームが常に目標達成に向けて進めるよう舵取りしていかねばならない。

4 「スマート（SMART）」の発想で目標設定と計画立案に取り組む

チームリーダーが常に意識しなければならないのは、チームメンバーが一丸となって取り組んでいく目標の設定と実施計画の立案である。

目標設定と計画立案に取り組む際には“スマート”をキーワードとした手法を用いるようにする[2) 3)]。これは組織が一丸となって取り組めるわかりやすい目標を達成する手法として開発されたものである。スマートという表現は、組織の目標と達成に向けた方法を考える際に押さえるべきポイント、すなわち、Specific、Measurable、Achievable、Related、Time-limitedの頭文字に由来する。具体的には、**図表3－4**に示した5つのポイントをふまえながら目標設定、達成計画を策定していく取り組みを示す表現である。

2）久田則夫『デキる福祉のプロになる：現状打破の仕事術』医歯薬出版、2007年
3）Editors of Perseus Publishing（2002）. Business：the ultimate resource, Cambridge, Mass.：Perseus Publishing, pp.424～425

●図表3－4　SMART

スペシフィック (Specific) 明確な	目標は明確でわかりやすいものにする。誰が見てもすぐに何をする必要があるのか、理解できるわかりやすいものにする。具体的に何をするのかイメージしにくい抽象的な表現で目標を設定すると、誤解する人が増えるからである
メジャラブル (Measurable) どこがゴールなのか 理解できる	直訳すると「測定できる」という意味だが、目標設定の際に用いる場合は、「どこまで達成したら、目標達成できたとするのか、ゴールをわかりやすく設定する」という意味である
アチーバブル (Achievable) 達成可能な	目標設定の際には、果たして達成可能な目標であるか、厳しい視点から点検する姿勢が欠かせない。荒唐無稽な目標を立てれば、何もできずに終わり、自信喪失となる可能性が高くなる
リレーティィッド (Related) 関連した	チームの日常業務に関連した目標であるかを確認する。チームの日常業務からかけ離れた目標では達成のための意欲も高まらないし、達成に向けた時間が確保できず失敗の可能性が高くなる
タイム・リミティッド (Time-limited) いつからいつまでに	いつから、いつまでに、どの部署の誰が中心となって、やり遂げるのか、期間設定を明確にする。期間設定が不明確な計画は先送りしてしまい、達成できずに終わる可能性が高くなる。どの時期にどの部署の誰が中心となってリーダーシップを発揮するのか。これが不明確だと、「誰かがやってくれるだろう」と皆が思い込み、何もできずに終わる

（著者作成）

自己を振り返り、よきチームリーダーとなるための課題を把握する

1 組織・法人の過去・現在・未来を考えながら働く

よきチームリーダーとなるためには、次に示す2つの取り組みに着手しなければならない。

1つは、チームをよりよき方向に導くための取り組みである。チーム内に存在する問題や課題を精査し、実効性の高い改善策を立案する。次に改善策を実行に移し、問題や課題の解決を着実に果たしていく。

もう1つは、職業人として、次のステージに進むための準備を行う取り組みである。近い将来、管理職員となり、組織全体の発展により明確な形で貢献する職業人となるための準備をする。

準備を着実なものとするためには、チームリーダーという役割を担う立場になったときから、組織全体・法人全体を俯瞰（ふかん）する姿勢をもつことが必要となる。自分が受けもつチームだけに視線を向けるのではなく、常に、「法人は今どのような状況にあるのか」「法人が今後も発展し続けるにはどうすればいいか」、組織の過去・現在・未来に思いを巡らしながら、考える姿勢を示すことが求められる。具体的には、次の５点を意識しながら働くことが必要となる。

- 法人はどのような経緯で発展を遂げてきたか
- 創設者やその志を引き継いだ経営者たちは、どのような思いをもって組織運営に携わってきたか
- 創設者やその志を引き継いだ経営者たちは、困難に直面したとき、どのような姿勢や方法で、問題解決を図っていったか
- 法人は、これからどの方向へ進もうとしているのか
- さらなる発展に向けて、法人はどの方向に進む必要があるか

2 チームの現状をチェックし、改善に向けて行動を起こす

チームの発展に貢献するチームリーダーとなるためには、**図表3－5**の「業務レベル低下要因チェックリスト」にチャレンジし、自分が所属するチームがどのような状況にあるか、確認する取り組みに着手することが必要である。チェックを通してチーム内に、職員間の信頼関係を奪ったり、低下させたりする要因が確認できた場合は、改善に向けた処方箋を作成し、改善に向けて行動を起こす。チームが常に発展を遂げることができるようリーダーシップを発揮していく。

3 業務レベル低下要因チェックリストを活用する

各項目、順番に目を通して、「これは、どちらかというと、うちのチーム（職場）の状況に当てはまる」と思うときはチェック欄にレ点を入れる（当てはまるかどうか、迷ったときも、チェック欄にレ点を入れる）。「当てはまらない」と自信をもっていえるときのみ、チェック欄を空欄にする。

レ点がたくさんつけばつくほど、職員が育ちにくい職場環境にあり、業務レベルがすでに著しく低下している可能性が高いことをさす。チームメンバー同士の信頼関係は極めて希薄で、チームワークが機能しない状態になっている公算が大きい。

もし、チェックの結果、レ点がついたものに関しては、レ点が外れるよう、改善に取り組んでいく。単独で改善が図れない問題や課題に関しては、管理職員の力を借りて取り組むようにする[4)]。

4）本節で示したチェックリストは、以下に示す文献で発表した「職場のサービスレベル・チェックリスト Version 1.2」を加除修正しながらバージョンアップしたものである。久田則夫『どうすれば福祉のプロになれるか－カベを乗り越え活路を開く仕事術』中央法規出版、2004年

●図表３－５　業務レベル低下要因チェックリスト

- □ 職員が果たすべき使命と役割があいまいで、理解が不十分（何のために働くのか、職員間の理解がバラバラで、共通認識が希薄である）
- □ 常勤職員と非常勤職員との間にカベがある
- □ 日々の業務のなかに明らかに問題だと思われる点があるのだが、改善や変化を要求すると、ベテラン職員からの猛烈な反発にあうといった雰囲気がある
- □ 部下や後輩職員の様子を見ると、「うちの職場はダメだ。上司や先輩職員が自分たちの話をしっかりと聞いてくれない」という不満が募っているように感じる
- □ 各部署、各ユニット、法人内の各事業所が「独立王国化」してしまい、意見交換、情報交換ができない
- □ 職場のルールや職員間で話し合い、決めたことを守らない職員（とてもプロとはいえない言動を示す職員）に対して、適切な指導がなされていない
- □ 利用者の尊厳やプライドを傷つけるような言動をする職員に対して、適切な指導がなされていない
- □ 初任者育成のシステムが、機能していない
- □ 自分が所属する部署が「いちばん大変」「他の部署（職種）は楽をしている」という思いを抱いている職員の姿が目立つ
- □ 部署内、部署間、職階間で共有すべき情報が共有できないケースが多い
- □ 権限委譲が機能しない（上司や先輩職員が部下や後輩職員に仕事をまかせても、期待に応えてくれないケースが目立つ。権限委譲されると責任が重くなったり、負担が増えたりするために、権限委譲を嫌がる部下や後輩職員が多い）
- □ 援助観・介護観・保育観や高齢者観・障害者観・子ども観などがバラバラで共有できていないために、バラバラの援助といった状態になっている（利用者が混乱したり、不安な状態になったりする状況が生じている）
- □ 介護・支援・保育に関する最新の知識・技術が共有されていないために、「時代遅れ」「誤りだ」と指摘されかねない方法や手順で行っている業務が見受けられる
- □ 上司が一部の職員を重用しているとの雰囲気がある
- □ 業務日誌や介護経過記録などの記録が不十分な状況にある（そのために、情報共有できない。適切な介護、支援、保育がなされたとの証拠が残っていない）
- □ 志の高い職員あるいはよりよき支援を目指そうと熱い思いを抱く職員ほど、短期間で辞める傾向が強い（職場に魅力がないため、才能ある職員ほど短期間で辞める傾向がある）
- □ 不適切な言動によって、同僚、後輩職員、部下に強い不快感を与える職員がいる
- □ 支援が容易ではない利用者をあからさまに避ける職員がいる
- □ 研修の機会は設定されているが職員の成長や業務改善に結びついていない
- □ 職員の間で「自分は職場のなかで正当な評価を受けていない」との不満がくすぶっている（職員に対する感謝やねぎらいが不足している状況にある）

（著者作成）

前巻までのポイント

メンバーシップ

以下の内容は、『福祉職員キャリアパス対応生涯研修課程テキスト』〔初任者・中堅職員編〕の第3章のポイントを抜粋したものです。

1 メンバーシップとは【初任者編・第3章第1節】

■メンバーシップとは、職業人として働く全ての人が共有すべき基本概念のひとつである。その意味は、①組織メンバーの一人ひとりが、プロとして果たすべき役割と使命を正しく理解し、組織目的の達成に向けて行動を起こすこと、②その結果、所属する法人・事業所や部、チームの発展に寄与していくことである。

2 メンバーシップの構成要素【初任者編・第3章第1節】

■メンバーシップの構成要素は、組織が掲げる使命や役割に忠実なフォロワー（追い求める人・支持する人）として行動を起こし達成していく姿勢をさす「フォロワーシップ」と、組織やチームをあるべき方向にいざない課題達成に導く「リーダーシップ」の2つに整理できる。

3 チームメンバーとしての位置づけと役割【初任者・中堅職員編・第3章第1節】

■初任者に求められるメンバーシップは、フォロワーシップに重点を置いた業務姿勢の習得である。
■中堅職員に求められるメンバーシップは、フォロワーシップとリーダーシップの2つをバランスよく発揮していくことである。1つはフォロワーとして、上司から受けた指示を忠実かつ着実にやり遂げていくことであり、もう1つは後輩職員に対して、リーダーシップを発揮することである。
■福祉の職場で働きはじめた初期段階はメンバーシップに占めるリーダーシップの比率は小さいが、職業人としての階段をのぼればのぼるほど、大きくなっていく。ただし、どんなに上の立場になろうとも、フォロワーシップが占める割合がゼロになることはない。

4 メンバーシップを発揮する職員となるための基本姿勢【初任者・中堅職員編・第3章第2節】

■組織メンバーとして、職場・部署の発展やチームワークの向上、職員間の信頼関係強化に寄与するよき職業人となるためには、次に示す基本要素に根ざした思考・業務遂行姿勢・行動スタイルを身につけなければならない。初任者であっても、中堅職員であっても、求められる基本姿勢は同様である。

①強固な当事者意識をもって働く
②自主性・自発性・主体性を発揮する
③貢献を行動で示す
④忠誠心を行動で示す
⑤使命感・責任感をもって働く
⑥職業倫理に根ざした行動をする
⑦職場にひそむ課題や問題の解決に向けてボトムアップを推進する
⑧レジリエンスに磨きをかけ常によい状態で働ける職業人となる

5 信頼関係の構築に向けたコミュニケーション【中堅職員編・第3章第3節】

■職員間で信頼関係を築き上げていくためには、福祉専門職に求められるコミュニケーションの原則に基づく以下のような言動を常に心がける必要がある。

①誰に対しても常に笑顔で挨拶を心がける
②感謝とねぎらいの気持ちを積極的に伝える
③常に敬意をもって接する
④プラスの視点で見る
⑤注意をする必要がある場合には、相手が冷静に指摘を受け入れられるよう、丁寧に「なぜ注意をするのか」説明する

6 チームの目標達成と問題解決に向けたスキル【中堅職員編・第3章第4節】

■目標・計画・方針は、常に、①法人レベル、②各事業所レベル、③各部署レベル、④各チームレベルで捉えるようにする。

7 目標達成に向けた改善のアプローチ【中堅職員編・第3章第4節】

■目標達成に向けて不十分な働きに終わっている後輩職員がいる場合、推進体制について、以下の5点について問題がないか点検する。

①目標・計画・方針に無理がないか。人員配置や職員のマンパワーという点から見て無理な計画になっていなかったか
②目標・計画・方針があいまいで、具体的にどう行動するのかわからない、抽象的なものではなかったか
③目標・計画・方針達成の必要性が、チーム全体、組織全体に行き渡るよう、そして、職員全員が納得できるよう、伝えられていたか
④そもそも目標・計画・方針が、職場のニーズや課題を十分に反映したうえで立案したものになっていたか。現場サイドから見て、優先順位の低いものばかりが目標としてかかげられていなかったか
⑤目標・計画・方針達成に向けて努力する後輩職員・部下を、サポートする体制が整備されていたか。後輩職員や部下が壁にぶつかったときに、適宜アドバイスを受けることができる環境が整備されていたか

8 チームの中で果たすべき役割【初任者・中堅職員編・第3章第1節】

■初任者がチームのなかで果たすべき役割は、フォロワーシップに重点を置いた職業人としての姿勢である。

■中堅職員がチームのなかで果たすべき役割は、チーム内の中核メンバーであるという強い当事者意識をもち、業務レベル、チームワーク、組織目標の達成に寄与することである。

ティータイム

頼りにされるチームリーダーとなる課題にチャレンジしよう

リーダーシップを発揮する立場にある者として、チームの業務レベル向上、信頼関係・協力関係の強化に貢献できるようになるために、次の課題にチャレンジする。

課題1 ……………………………………… チーム内の信頼関係をさらに強化するためのエクササイズ

➡ チームリーダーとして、これまで、どのような方法やアプローチで、チーム内の信頼関係強化・協力関係の向上を図ってきたかを振り返る。実際に取り組んできたもののなかで、うまくいった取り組みを、ノートに書き出す。そのうえで、さらなる信頼関係の強化に向けた改善計画の立案に取りかかる。具体的手順は次のとおり。

＊チーム内の信頼関係強化や協力関係の向上に向けて取り組んできたことのなかで、うまくいったことをノートに書き出す。
＊うまくいったことのなかから、1つを選び出し、何がうまくいく要因となったか、を点検する。
＊そのうえで、信頼関係および協力関係がさらに向上するような改善計画を立案する。

課題2 ……………………… チーム内の信頼関係を損なう要素への対応策立案に向けたエクササイズ

➡ チームリーダーとして、これまで、どのような方法やアプローチで、チーム内の信頼関係強化・協力関係の向上を図ってきたかを振り返る。実際に取り組んできたもののなかで、うまくいかなかった取り組みを、ノートに書き出す。そのうえで、さらなる信頼関係の強化に向けた改善計画の立案に取りかかる。具体的手順は次のとおり。

＊チーム内の信頼関係強化や協力関係の向上に向けて取り組んできたことのなかで、うまくいかなかったことをノートに書き出す。
＊うまくいかなかったことのなかから、1つを選び出し、何が失敗要因となったか、を点検する。
＊そのうえで、信頼関係および協力関係の向上に向けた改善計画を立案する。

課題3 ……………………………………………… 信頼されるチームリーダーとなるためのエクササイズ

➡ チーム内の職員から厚い信頼を得るチームリーダーとなるためには何をすべきか。日々、チームリーダーとして示す自らの姿勢や振る舞い、チームメンバーとの関わり方、指示の出し方やアドバイスの出し方などを振り返り、あるべきチームリーダーとなるための課題と、課題達成に向けたヒントを学ぶ。具体的手順は次のとおり。

＊チームリーダーとして示す日々の姿勢や振る舞い、チームメンバーとの関わり方のなかに、課題や問題がないか、点検する。
＊点検して明らかになった課題や問題のなかから1つを選び出し、何が課題や問題を生み出す原因になっているか、列挙する。
＊そのうえで、改善策を立案する。

第4章

能力開発

チームリーダーとしての能力開発とOJTの推進

目標

◉福祉サービスは「人を相手に、人が行う」専門的なサービスである。したがってサービスの担い手である職員やチームの力量が直接サービスの水準を決定する。

◉サービス水準を維持・向上させるためには、人材開発が重要な課題になってくる。求められる能力の専門性・組織性の両面に着目し、意図的・計画的な育成を推進していかなければならない。

◉第4章の目標は、チームリーダーに求められる能力開発のあり方とあわせて、サービス実践の場での職員育成、人材育成のあり方と方法を「職場研修」という視点で捉え、その目標や方法を検討することである。

構成

❶ チームリーダーに求められる能力を理解する
❷ 自己能力の評価を行い成長目標を設定する
❸ 人材育成の意義と内容を理解する
❹ 職場研修を基本としたOJTを推進する
❺ ティーチング、コーチングの技法を理解する

＊ティータイム＊……………………………「職員養成システム」は“なっていない”か？

1 チームリーダーに求められる能力を理解する

1 チームリーダーに求められる役割と能力を理解する

福祉職場においては、個々の職員がそれぞれ固有の専門性をもち、業務の遂行を通じてサービス水準の維持・向上を目指さなければならない。また、職員は、組織やチームの一員として自組織（チーム）の使命・目的・機能を理解し、意思統一を図りながら効果的・効率的に業務を遂行することが求められる。

チームリーダー（指導的職員）は、その両面にわたって中心的な役割を果たさなければならない。さらに、社会が求める福祉サービスへの要求（多様化・高度化）に対応できるよう業務体制を見直し、改革を推進することがチームリーダーに求められるこれからの役割である。

そのためには、日常的に自らの能力を適正に評価し、自己革新に向けた自律的取り組みが重要になる。チームリーダーの意欲的な取り組みと自信に裏打ちされた活動姿勢は、チームメンバーに対してよい影響を与え、教育的効果を生み出すことになる。

2 チームリーダーとしての自己点検を行う

チームリーダーとしての自己点検・自己評価は、2つの視点で行う必要がある。

◉**専門性の視点：**専門職として業務遂行をリードできるエキスパート（熟練者）としての能力（専門性）、高度な知識と技術によって質の高いサービスを提供する能力を点検する。困難なケースや不測の事態でも、専門的な能力をもって問題解決を推進できるかどうかが問われる。

■サービス実践に当たっては、「支援を必要とする人々は数々の困難を抱えているが、基本的には主体的にサービスを利用し、問題解決に取り組める能力を有している人々である」という利用者理解が必要である。職員は、サービスや社会資源を紹介しながら、利用者自身がそれらを主体的に利用して問題解決できるように働きかけ、自立支援、発達保障を基本とした専門的な実践能力を培っていかなければならない。

■チームリーダーには、それらの専門的な実践能力を職員に伝達・教育する能力が問われることになる。また、現有の能力のみではなく、常に新しい知識・技術の動向に関心をはらい、それらを積極的に習得する能力や、組織やチームに対し健全な当事者意識をもって建設的に働きかけ、イノベーション（改善や改革）を促進する能力が求められる。

◉**組織性の視点：**チームによるサービス実践や業務遂行を円滑に推進し、メンバーの指導・育成や組織の活性化を図ることができる「マネジメント」能力を点検する。福祉サービスは、利用者に対して常に複数の職員が多面的に関わり、サービス実践が行われるものである。チームリーダーの役割は、チームとしての支援を適切に組織化し、実践していくことである。

■組織やチームの使命・目的・機能を達成するために、さまざまな資源をいかに効果的・効率的に活用するか、そして成果をあげるためにチームリーダーには、中堅職員とは異なる固有の能力が求められることになる。

■福祉サービスは、「公平」でなければならないし、担当する職員の力量によってその内容が異なることのないよう「均質」性が求められる。公平性や均質性は、決して画一的、機械的なサービスを意味するものではない。利用者を多面的に理解したうえでの公平性、均質性の担保が必要である。

3 チームリーダーとしての自己革新を図る

これからのチームリーダーに求められる役割は、単にこれまでの業務を継続し、維持するといった「守りの体制」ではなく、将来の変化や期待を先取りし、自己革新を図っていくことである。

◉**日常的自己変革：**福祉分野では、仕事の質やシステム、価値観が大きく変化し、これまでのやり方だけでは通用しない状況が多くなっている。現状に甘んじることなく、あらためて本質を問い直し、新たな挑戦を行う姿勢が求められる。チームリーダーは、部下・後輩職員とともに新しい知識や技術を取得し、日常的に自己変革を図っていくことが重要である。

◉**対外的関係も：**さらに、対外的な関係において、チームリーダーは組織を代表し、関係機関や組織と連携しながら利用者支援を行うことが期待される。地域福祉の推進にも積極的に目を向けていかなければならない（**図表4－2**参照）。

●図表4－1　求められる2つの能力開発の方向

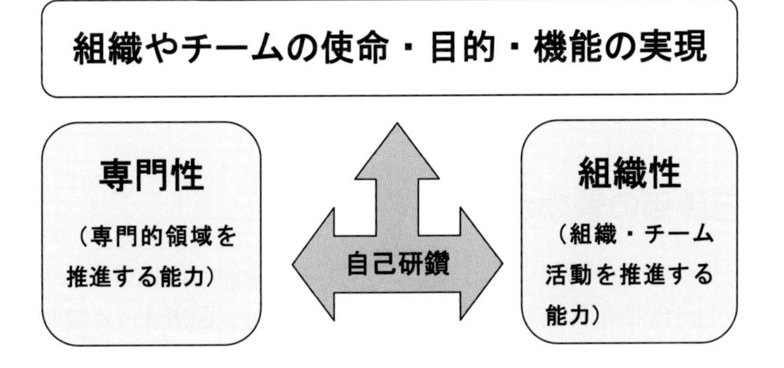

（著者作成）

●図表4－2　チームリーダーの役割とその組織的認知

（著者作成）

自己能力の評価を行い成長目標を設定する

1 自己能力を評価する

チームリーダーが自己の成長課題を明確にする際は、自身の個人的な成長課題（特に専門性）と同時に組織やチームの次の発展段階を見据え、そのために必要な課題（特に組織性）を検討する必要がある。チームリーダーに求められる役割に照らし合わせ、現状の自己の課題を明確にし、今後どのような能力が求められるのか、それをどのように獲得していくのかという視点から成長課題を設定していくことが大切である。

◉**職務（役割）行動を支える3つの能力：**現状の自己能力を評価する際には、自分の行動レベルを振り返り、その行動を支えている能力について、それがどの能力に支えられているのか、また不足しているのかを冷静に点検する必要がある（**図表4－3**参照）。

- 「価値観・態度」：倫理観や価値観、思いや意欲によって行動が支えられる。
- 「知識・情報」：これらによって対象が理解され、行動が支えられる。
- 「技術・技能」：実務的な技術やノウハウを身につけることによって、実践ができるようになる。

「価値観・態度」は「やる気になる」を支える能力、「知識・情報」は「わかる」を支える能力、「技術・技能」は「できる」を支える能力であると捉えると、メンバーに伝えやすい。

2 自己点検・自己評価の着眼ポイントを知る

ここではチームリーダーの役割に則して、専門性と組織性の両面から自己点検・自己評価の着眼ポイントを示す。自己成長の目標設定の参考にしてほしい（**図表4－4**参照）。

◉**専門性に関する着眼ポイント：**専門的領域における実践を推進する能力

- 自分の担当する業務の専門的知識・情報・技能が十分備わっているか。ニーズや制度の動向に関する情報、利用者支援の技術や技能等を問う。
- 専門的な知識・情報・技術・技能を言語化し、伝え、職員を適切に指導できるかどうか。
- 常に新たな動向に関心をはらい、積極的に吸収しているか。変化する状況への積極的な関心が必要である。
- 業務の標準化を図り、SDCAの管理サイクルを徹底するとともに、サービスの質的向上のために新たな取り組みを図れているか。
- 自己革新すべき専門能力の課題や方法をすぐに列挙できるか。具体的方策として、新たな専門資格の取得等の展望も必要である。

◉**組織性に関する着眼ポイント：**チームや組織活動を推進する能力

- マネジメント活動に関する基本的知識や技術・技能が備わっているか。マネジメントには、さまざまな研究や経験知として蓄積されてきた原理原則（セオリー）がある。経験や勘に基づく「我流」のマネジメントではなく、セオリーに立脚した実践が期待される。
- 業務の効率性や効果性を意図したマネジメントが実践されているか。現実のマネジメント実践のプロセスや成果を問う。

■職員の能力を最大限に引き出し、相乗効果を高める施策があるか。チームリーダーは、職員の力を最大限に引き出し、組織目的の達成に貢献することが期待されている。そのためには、職員を育成し、組織の活性化に取り組まなければならない。

■当事者意識をもって職員やチームをリードし、問題解決や課題形成に取り組んでいるか。

3 自己成長目標を設定し、実行計画を立案する

チームリーダーとしての自己成長目標は、現状の「強み」（持ち味）と「弱み」（改善点）を認識しながら、「強み」はさらに強化を目指し、「弱み」は真摯にこれを啓発・改善していくためのものである。

◉**「持ち味」を大切に：**人は、それぞれがもっている「持ち味」によってさまざまな場面で貢献できるものである。「弱み」や「改善点」を自己認識するとともに、「強み」や「持ち味」をさらに伸ばし、強化するという視点で目標を設定することが大切である。

◉**当面の目標と中長期の目標を区分する：**目標の3条件（①何を②いつまで③どのレベルまで）を明確にしながら、実行計画（実現のためのシナリオ）を立てることである。自律的（内発的）モチベーション（やる気）は、「目標の魅力」「実現可能性」「成果の魅力」によって高まるものである。適切な目標設定と実行計画を立てることによって、さらに意欲を強化してもらいたい。

●図表4－3　職務（役割）行動を支える３つの能力

価値観・態度 Attitude	・支援に関する考え方、倫理観、価値観 ・情緒的、主観的な思い、気持ち、意欲や意思 ・職務や支援活動に価値を認め、「やる気になる」こと
知識・情報 Knowledge	・支援活動に関する基礎的な知識や情報 ・問題解決場面で必要となる実践的な知識や情報 ・職務や支援活動の意味や進め方が「わかる」こと
技術・技能 Skill	・実践的な技術・技能、問題解決に役立つノウハウや知恵 ・身についている思考や行動のパターン ・職務や支援活動を、一定の基準に則して「できる」こと

（著者作成）

●図表4－4　自己点検の着眼ポイント

専門性	・担当する業務の専門的知識・情報・技術・技能は十分備わっているか ・それを職員に対して言語化して伝え、指導することができるか ・経験知を生かすとともに新たな動向に関心をはらい、吸収しているか ・標準化と同時に質的充実のための新たな取り組みが図られているか ・自己革新すべき専門能力の課題や方法をすぐに列挙できるか
組織性	・マネジメント活動に関する基本的知識・技術・技能は備わっているか ・業務の効率性と効果性を意図したマネジメントが実践されているか ・職員の能力を最大限に引き出し、活動の相乗効果を高める施策があるか ・職場のなかで問題解決、課題形成を常にリードし、実践しているか ・チームリーダーとして適切なリーダーシップを発揮しているか

（著者作成）

人材育成の意義と内容を理解する

1 人材育成の重要性を理解する

福祉サービスは、さまざまなニーズに応えるために、制度やシステムの充実が日々図られている。従って、その制度やシステムを形成し、サービスを提供する人材もまた、新たな資質能力が求められることになる。

◉**よりよいサービスの提供のために：**福祉サービスの特徴は、「人を相手として、人によって」行われる専門的なサービスということであり、その担い手である一人ひとりの職員の資質能力やチームの力量がそのままサービスの質に結びつく。よりよいサービス（最善のサービス）を提供していくためには、職員育成、人材育成が不可欠の命題となる。

◉**人材育成は、職員の自己実現を支援する：**人は誰もが、自らの可能性を最大限に伸ばし、よりよい職業人生をつくりたいと願っているはずである。自己成長は自己実現の重要な要素であると認識しておきたい。「今、この職場で、この上司のもとで仕事をしていれば自己成長を図れる」と感じられるかどうかが、職員のやる気にもつながってくるのである。

2 人材育成の責任単位は「職場」にある

職員育成にあたっては、その責任単位は「職場」にあるという「職場研修」の考え方をもつことが重要である。人材育成は本来、経営管理の重要な柱のひとつであり、職場研修は経営管理の一環として推進しなければならないものである。

◉**実践能力を高める：**法人・事業所の基本理念やサービス目標を前提にしながら、研修の理念や方針を策定し、系統的・継続的に実施することが大切である。また、研修の成果を利用者サービスに還元していくためには、サービスに直結する実践能力を高めていくことが重要である。職員と利用者とが日々関わりをもつサービス実践の場を基礎とした職場研修、特にOJTを活性化していく必要がある。

3 「職場研修」の３つの形態を理解する

職場研修は、**図表４－５**に示したように3つの形態がある。その特徴を理解し、推進を図らなければならない。

◉**OJT：**日常業務を通じて行われる、最も普遍的な研修方法である。OJTは、上司や先輩職員が、部下や後輩職員に対して、仕事を通じて必要な知識や技術、職業人としての態度を指導し育成する活動である。第一線の職場で、OJT推進の役割を担うのはチームリーダーである。

◉**OFF-JT：**職務命令により、一定期間、日常の職務を離れて行う研修である。OFF-JTには、職場内で行う集合研修と、職場外で開催される研修に派遣される２つの形態がある。OJTとOFF-JTは、組織が必要と認め実施する研修であり、職務命令によって取り組む研修である。OFF-JT

は、通常、研修担当者が推進の当事者となる。

◉**SDS**：職員自身が自己啓発として行う活動を促進するため、組織としてこれを認知し、その取り組みを経済的・時間的に支援していくためのシステムである。自己啓発の主体はいうまでもなく職員自身であるが、組織がその啓発活動を積極的に促進するものであり、システムの運用は研修担当者が担うことになる。

◉**職員の成長と組織の発展**：組織においては、この3つの研修形態が相互に補完し合いながら、総合的に推進されることが期待される。職員の成長は、職場の活性化をうながし、さらなる改善と向上に取り組む気風を育むことになるだろう。職場研修は、職員の成長と組織の発展の双方を保障するものである（**図表4－6**参照）。

●図表4－5　職場研修の３つの形態

OJT（On the Job Training） ～職務を通じての研修～	職場の上司（先輩職員）が、職務を通じて、または職務と関連させながら、部下（後輩職員）を指導・育成する研修
OFF-JT（Off the Job Training） ～職務を離れての研修～	職務命令により、一定期間、日常業務を離れて行う研修。職場内の集合研修と職場外研修への派遣の2つがある
SDS（Self Development System） ～自己啓発支援制度～	職員の職場内外での自主的な自己啓発活動を職場として認知し、経済的・時間的な支援や施設の提供を行うもの

（著者作成）

●図表4－6　職場研修が目指すもの

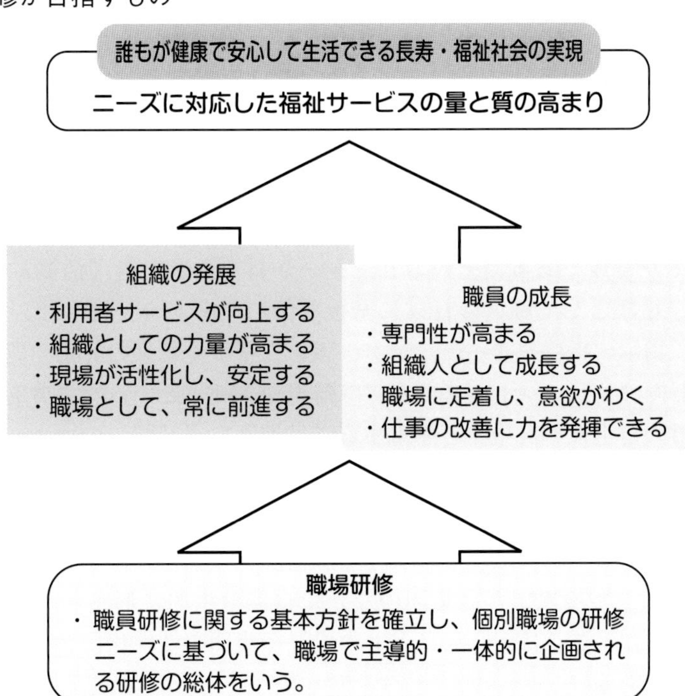

（著者作成）

職場研修を基本とした OJTを推進する

1 OJTの推進がチームリーダーに求められる

職場研修の3つの形態のうち、基本となるのがOJTである。OJTは、職務を通じて行う研修であり、日常のあらゆる機会が育成の場となる。職場の上司や先輩職員が部下や後輩職員に対して行うものであるから、個々の職員の個性や能力レベルに応じた実践的指導が可能になる。その中心的担い手になるのがチームリーダーである。

◉**OJTの定義：**「上司や先輩が、部下や後輩職員に対して、職務を通じて、職務に必要な価値観・態度、知識・情報、技術・技能等を指導育成するすべての活動」

◉**OJTの具体的な方法：**「教える」「見習わせる」「経験させる」「動機づける」「特別の機会を設けて指導する」等さまざまであるが、OJTを活性化し、育成成果を高めるために、「実践指針」として次の4つのポイントを押さえておくことが重要である。

- 「日常の機会指導」と「意図的・計画的指導」を併用する
- 「集団指導」と「個別指導」の両面からアプローチする
- 「職務遂行能力の向上」に加えて「人材育成」を目指す
- 育成面談を通じて研修ニーズ・目標の相互調整と共有化を図る

2 日常のOJTの育成効果を高めるポイントを知る

OJTには、「日常のOJT」と「意図的OJT」がある。日常のOJTは、さまざまな機会を捉えて職員を育成することであるが、次のような点に着目すると育成成果を高めることができる。

◉**仕事が人を育てる：**これはOJTの最も重要な側面である。このことは、自分が一番伸びたのはどんなときだったかを思い起こしてみるとわかるだろう。指導者としてなすべきことは、職員を自ら成長する存在として認め、成長を促進するような仕事の与え方をすること、良質な仕事経験の場や機会を与えることである。

◉**日常管理の全てが育成である：**チームリーダーが行う日常の管理活動、すなわち管理のPDCAのサイクルは、結果として職員の育成に密接な関わりをもつ。例えば、目標設定や日常のスケジュール管理、指示・指導やミーティング、報告に基づく結果の評価や処置においても職員の成熟度合いに応じたマネジメントが必要だ。“監視や統制”といった古典的なマネジメントの発想ではなく、職員の自主性や自発性を尊重する“目標と自己統制”のマネジメントを実践することが、職員の育成を促進することになる。

◉**職場風土が人を育てる：**職員は、どのような職場風土のなかに置かれるかによって成長が著しく異なるものである。職場風土とは集団のなかで自然発生的に形成される規範であり“見えざる掟”ともいわれるが、これは、一人ひとりの成長や集団の活性化にとってプラスにもマイナスにも作用するものである。

◉**上司・先輩職員の後ろ姿に“まねぶ”**：“子は親の後ろ姿を見て育つ”といわれるが、職場においても同じことがいえる。これは、職員が上司や先輩職員の日常行動をモデルにして、観察・模倣することで学習する効果によるものである。チームリーダーとしては、自身が常に職員のモデルとなっていることを自覚し、指導・育成者としてふさわしい範を示すことが望まれる。

◉**日常の機会指導の全てがOJT**：日常のさまざまな場面のなかで、適宜適切な助言やアドバイスを行い、注意や叱責によって行動の是正を行うのは、重要な日常の機会指導である。そうした日常指導を適切に行うためには、職員に対する強い関心が前提になる。期待する方向や基準をしっかり示し、時には待ち、時には厳しく要望し、励まし、そして助言するという姿勢が求められる。

3 意図的OJTを推進する

日常のOJTに加えて、これからは意図的OJTを推進することが重要である。意図的OJTは、育成活動をPDCAのサイクルで実施するものである。指導・育成の対象者や指導項目を特定し、OJT計画を策定し、計画に基づいて指導・育成を図り、その結果を確認し、処置とフィードバックを行う（**図表4－7**参照）。

その際、計画段階で指導計画を立案し育成面接を実施することや、その結果を確認し処置とフォローアップをするプロセスは、スーパービジョンのプロセスと重なるものである。スーパービジョンによる育成は、それを受けるものが、自分の成長や課題に自ら気づき、次の計画に自覚的に取り組む力量を育てる育成方法として有効である。育成ニーズに基づいた育成目標や育成計画を策定しなければ意図的OJTは実現しない。職場全体のOJT計画を策定するとともに、職員一人ひとりのOJT計画を策定し、集団指導と個別指導を徹底していくと効果的である。

なお、スーパービジョンに関しては、次節でのべるティーチング、コーチングの技法と共に、人材育成の技法としてチームリーダーが身につけておくべき能力である。

●図表4－7　意図的OJTの推進

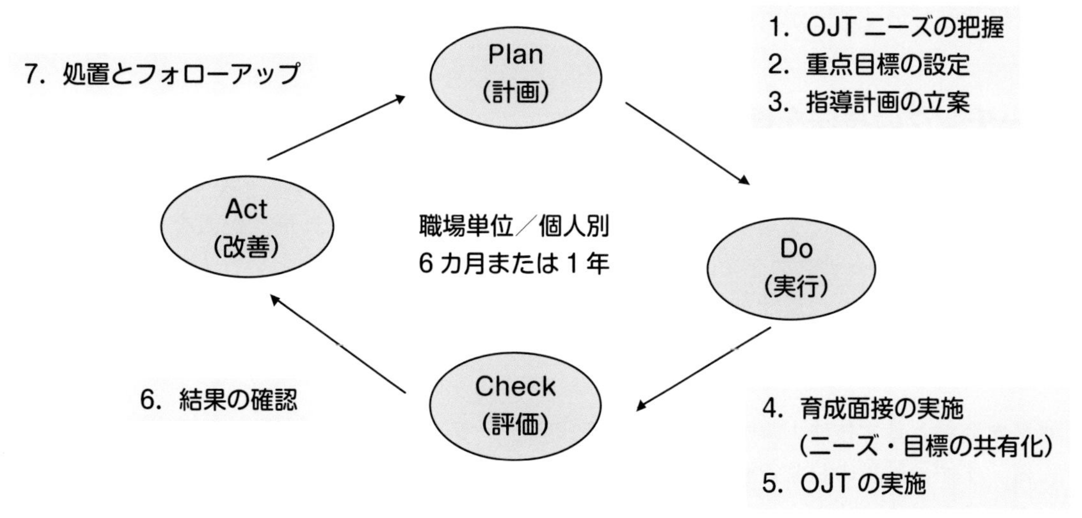

（著者作成）

ティーチング、コーチングの技法を理解する

1 職員の成熟度に応じたOJTを推進する

これまでの福祉職場における職員育成は、「先輩の背中を見て覚えさせる」ことや、一緒に業務を行いながら、「まねをさせ、学ばせる」ことで仕事を覚えさせる方法が一般的だったのではないだろうか。

そのような方法では、初任者にとってはいきなり「やってみせ」、また「やらせてみせる」段階から仕事を覚えさせることになり、本人がなぜこの仕事を行わなければならないのかを十分理解しないままに取り組んだり、それが失敗体験につながったりすることもあった。

また、仕事の教え方も、教える側が職員の自己流であったり、教わる側の職員は見よう見まねで覚えたりするので、どのポイントを押さえておけばよいかがあいまいだったりと、業務の標準化と相反する結果をまねく危険性もあった。

職員育成の基本としてのOJTの推進にあたり、チームリーダーとしては、職員の成熟度に応じた「指導法」を理解しておくことが大切である。初任者に対しては「ティーチング」の技法、中堅職員に対しては「コーチング」の基本姿勢と基本技法を応用することが効果的である。

2 ティーチングの技法を理解する

ティーチングとは、「教える」ことである。初任者に対する指導や職務配置の変更等で職員に新しい仕事を担当させるような場合などは、ティーチングを基本に指導しなければならない。職員は、初めて仕事を担当することになるわけであるから、自主性や自発性を尊重するといった指導では、かえって職員の不安を募らせることになってしまう。基本は厳しく徹底しなければならないし、その仕事を正しく、確実に、そして、できるだけ楽に覚えられるようにすることが大切である。

◉**「仕事の教え方4段階」**：それぞれの職場で培ってきた仕事の標準的な手順や仕事の勘所（急所）を伝承していくことが大切である（**図表4－8**参照）。

3 コーチングの技法を理解する

経験を積み一定の成熟レベルに達した中堅職員に対しては、本人の「気づき」を促進するコーチングの手法が効果的である。コーチングとは、コーチ（coach：馬車）が人を目的地まで運ぶことから転じて、「コーチングを受ける人」（職員）を目的達成に導こうというものである。職員の内発的・自発的な気づきや意欲を引き出し、メンバーの成長を支援する働きかけを行うというのがコーチングである。

◉**基本姿勢と基本技法**：コーチングはコミュニケーション（個別面談）を通して行われるものである。まず、職員の日常行動に「強い関心」をもつこと（見ること）が重要であるし、職員の成長を願う気持ちがなければコーチングは成立しない。そのうえで、職員の自主性や自発性を尊重し、気づきをうながすために「積極的傾聴」「効果的質問」を通じて職員の意思や気持ちを確認しながら状況認識を共有化し、課題の整理と解決のための助言を行うという手順になる（**図表4－9**参照）。

コーチングは指示的指導や説教的指導ではなく、あくまで本人の自発的意思を引き出しながら課題解決に向かうという指導法である。職員が何か問題に遭遇しているような場合、コーチングを行うと効果的である。職員が順調に仕事を遂行しているときは、コーチングを通じて「成功の方程式」を確認し共有することによって、職員をさらに意欲づけることが可能になる。

●図表4－8　ティーチングの基本「仕事の教え方4段階」

第1段階：習う準備をさせる
①気楽にさせる、②何の仕事をやるかを話す、③その仕事について知っている程度を確かめる、④仕事を覚えたい気持ちにさせる、⑤正しい位置につかせる
第2段階：仕事の内容を説明する
①主なステップをひとつずつ言って聞かせて、やってみせて、書いてみせる、②急所を強調する、③ハッキリと、抜かりなく、根気よく、理解する能力以上は強いない
第3段階：実際にやらせてみる
①やらせてみて、間違いを直す、②やらせながら、説明させる、③もう一度やらせながら、急所を言わせる、④「わかった」とわかるまで確かめる
第4段階：教えた後を見る
①仕事につかせる、②わからないときに聞く人を決めておく、③たびたび調べる、④質問するようにしむける、⑤だんだん指導を減らしていく

（Training Within Industry for Supervisors（監督者のための企業内訓練）「仕事の教え方4段階」を参考に著者作成）

●図表4－9　コーチングの基本姿勢と基本技法

1.基本姿勢（関心と観察）
①職員の成長を願い、常に積極的な関心をもつ
②職員の自主性や自発性を尊重し、気づきをうながす
③職員の持ち味や潜在能力に着目する
2.基本技法
①積極的傾聴：メンバーの意思や気持ちを受け止める
②効果的な質問：効果的に質問し、自覚と意識化を図る
・順調なときは、「成功の方程式」を導き出す
・悩みや迷い、不安があるときは、それを明確にする
③課題の整理と助言
・事実の整理、到達ゴール、リソースの吟味、オプションの整理、意思の確認
・プラスリスト、称賛（承認）、助言、経過目標の設定

（古川久敬『チームマネジメント』日本経済新聞社、2004年、175～179頁を参考に著者作成）

前巻までのポイント

チームリーダーとしての能力開発

以下の内容は、『福祉職員キャリアパス対応生涯研修課程テキスト』〔初任者・中堅職員編〕の第4章のポイントを抜粋したものです。

1 福祉サービスの担い手に求められる能力【初任者編・第4章第1節】

■福祉職員には、専門性と組織性の両面を実践できる能力が求められる。
専門性……専門技術の習得と向上
組織性……組織やチームの一員としての適切な役割行動

2 職務行動（サービス実践）【初任者編・第4章第2節】

■職務行動（サービス実践）は3つの能力によって支えられている。

《行動を支える3つの能力／能力と行動のメカニズム》

価値観・態度	価値観、倫理観、思いや意欲	「やる気」を支える能力
知識・情報	相手や業務内容の理解	「わかる」を支える能力
技術・技能	実務的な技術、技能、ノウハウ	「できる」を支える能力

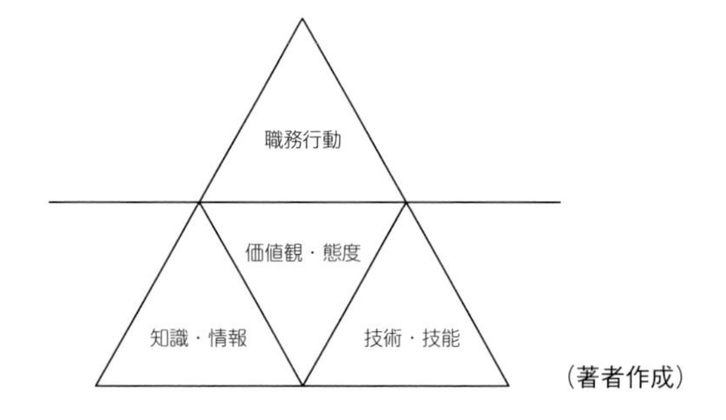

（著者作成）

3 キャリア段階に応じて求められる能力（スキル）【初任者編・第4章第3節】

■以下のスキルには、各階層によって、組織内の立場や職務から特に期待されるレベルがある。

求められるスキル	内　容	期待されるキャリア
テクニカル・スキル	・実務的業務を遂行するために必要な知識・技術 ・固有の専門性や組織性に関する知識・技術	初任者から中堅職員層までに特に必要な能力
ヒューマン・スキル	・コミュニケーション能力 ・対人関係形成能力 ・チームワーク力	初任者から管理職員層までに幅広く求められる能力
コンセプチュアル・スキル	・概念化や総合的判断能力 （全体を見渡し、全体の最適化を図りながら効果的な意思決定を下していく能力）	特に、人や手段のマネジメントを行う立場の者に重要な能力

（著者作成）

4 自己啓発と相互啓発【初任者編・第4章第5節】

■職員が自主的に能力開発に取り組むことを「自己啓発」という。自己啓発に職場内外の仲間とともに取り組むのが相互啓発である。
■自己啓発は最後までやり通すことが難しいが、相互啓発は、メンバー間の刺激や励まし合いによって、継続性や意欲の向上を生み出すという特徴がある。

《自己啓発と成長の仕組み》

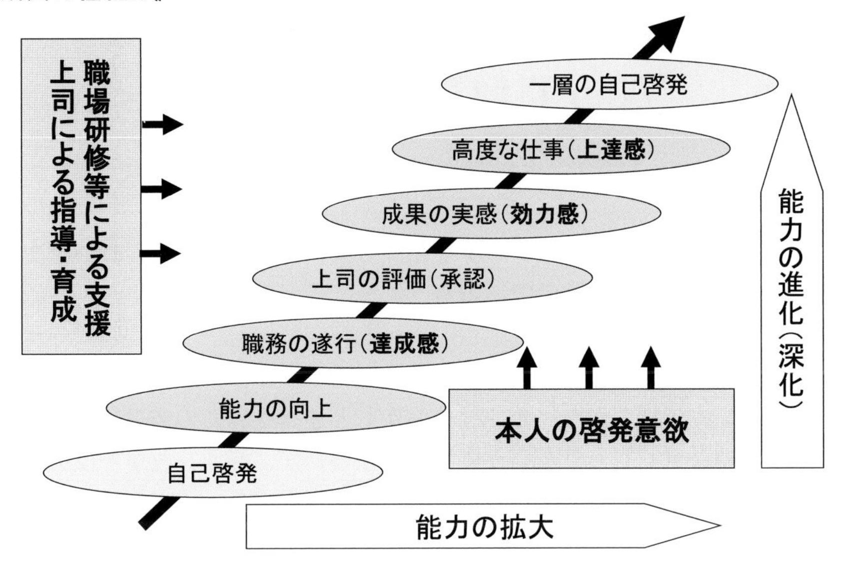

（著者作成）

5 新任職員や後輩職員を指導する基本姿勢【中堅職員編・第4章第4節】

① 信頼を勝ち取る	④ 毎日一度は声をかける
② 権威を振りかざさない	⑤ 個人的な面にも関心をもつ
③ 約束は必ず守る	⑥ 上司への報告を定期的に行う

（著者作成）

6 実践能力（コンピテンシー）の高い人の特徴【中堅職員編・第4章第5節】

実践能力（コンピテンシー）の高い人の特徴

・目指すべき方向や目標を明確にイメージし、そこに至るシナリオがある
・その目標やシナリオを実現するための技術的能力と対人関係能力をもっている
・もっているだけではなく、それを行動に移している

実践能力（コンピテンシー）を高めるために

「視野の拡充」を図る
・自分の専門領域や仕事に関する技術やテーマの動向に関心をもつ

「視点の転換」を図る
・周囲の人が自分に何を期待しているかをよく考慮して仕事をすすめる

「意図的行動習慣」を身につける
・常に効果的な行動の探索をし、意図的行動習慣を実行する

「意識化習慣」を身につける
・経験を振り返り（成功の方程式・失敗の要因）、フィードバックを受容する
・他者（ロールモデル）の経験を取り入れる

（古川久敬『チームマネジメント』日本経済新聞社、2004年を参考に著者作成）

ティータイム

「職員養成システム」は“なっていない”か？

ある施設の「研修委員会」でのエピソードを紹介しよう。この施設は、長い歴史と多くの運営施設をもつ大規模法人の傘下にある施設である。

委員のひとりが、「この施設の研修体制は、なっていない。昔から、上（上司）のほうは職員を育てようという気持ちがないのではないか」と述べた。この委員は、大学院を修了し、非常に意欲的に業務に取り組もうという姿勢が強かったが、半面、改革・改善を性急に求め、それが達成されていないとして上司に対して批判的な視線をもっている職員である。

それに対しチームリーダーは、他の委員に意見を求めた。40年余を勤めあげ、もうすぐ退職だという課長職の委員が自分の昔の体験を話しだした。その職員は、社会福祉の専門教育を受けることなく、知人の紹介で現在の職場に勤めることになった。その当時は、まったく職員研修などなく、就職した2日目には1人で行う宿直勤務が組み込まれていた。「2日目だと何もわからない状態だろうに、どうやって勤務したのですか？」という質問に、「50人いる利用者のなかに、ボスのような存在の方がいて、その人の『こうしろ』という指示に従うことでなんとか仕事を覚えた。その後も、その利用者に聞きながら仕事を覚えたので、当時の私のOJTの指導者は利用者だったのだよ」と述べた。

もう1人の長いキャリアのある委員は「その当時誰もこのような施設に勤める人がいなくて、私は、近所のただの主婦だったけれど、『食事の面倒や繕い物をすればいい、子どもを育てるような気持ちで利用者の面倒をみてくれ』と言われて勤めた。それがいまじゃ、専門の資格をもった職員が採用され、そのうえ研修もしっかりやっているから、昔とはずいぶん変わってきたと思っている」と述べた。

“なっていない”と批判した委員に、自分の新任のときの研修を振り返ってもらうと、「15年前に就職したときは、1カ月間の新任者研修プログラムがあり、初めての宿直勤務も1カ月後に先輩職員と組んで行った」と述べた。そして、「現在は初めの1カ月間だけで研修を終わらせるのではなく、初任者、中堅職員に対する年間を通した研修を行うための委員会を開催している。それを思うと、決して十分だとはいえないが、徐々に充実はしてきている、ただし、まだ十分ではない」というように認識を改めていった。

組織の改革・革新を行う際には、利用者をとりまく社会環境の変化や、その法人・事業所の歴史にそいながら現状を理解していかなければならない。チームリーダーはその認識に立って、さらに充実・発展させるための努力をしなければならない。

それとともに、部下や後輩職員にはその発展過程を示しながら、これからの組織のあり方を展望させていかなければならない。本エピソードは、チームリーダーが部下に対し、研修委員会という場と人材を活用し、職員研修の発展過程と課題を共有し、さらに人材育成の場としても活用した事例といえよう。

第5章

業務課題の解決と実践研究

チームで問題解決に取り組み、その先頭に立つ

目標

◉福祉サービスにおけるチームは、サービス提供の基本的な組織単位である。
◉チームリーダーには、チームで担当する仕事の問題解決を主導的に推進する役目を果たしてもらいたい。問題解決にあたっては、個人で解決しようとするのではなく、チームの力を結集して解決するという発想が重要になる。
◉他のチームや他の部門との連携もとらなければ、真の問題解決にならないこともある。
◉チームリーダーは、チームが問題解決に取り組み、提供するサービスの質を向上させ続ける先頭に立つ。そのためには、問題を「困ったこと」にとどめず、問題の本質を捉え、解決すべき目標を示す必要がある。そして、チームリーダー自身が改善を繰り返していく意義を理解し、チームメンバーに浸透させる必要がある。
◉スーパーバイザーとしての役割を理解し、メンバーを支え、励まし、エンパワメントしていくことも重要なことである。

構成

1 チームリーダーとして クオリティ・マネジメントに関わる

1 問題解決に向けてチームをマネジメントする

チームリーダーに求められる役割のひとつに、メンバーを教育し、一人ひとりの成長をうながすことがある。部下や後輩職員が、「いま起きている問題」を業務のなかで解決できるよう援助することがまず大切である。これに加えて、仕事が「あるべき姿」に近づくように、目標を設定し、それとのギャップ（ズレ）を「つかみ（把握し）」、チームで共有し、組織的に解決する方向へ導いていく役割が求められている。

◉**「発生型問題」の解決に取り組む：**いま現場で起きている「発生型問題」の解決に主導的・自律的に取り組むことや、チームや部門が行うルーティン（決められた）業務への的確な対応が求められる。ルーティン業務は、決められた業務標準にそって、メンバーによって提供されている。チームリーダーは、メンバーからの業務の報告を受け、決められた仕事を達成できているかどうかを評価し、未達や逸脱があれば、メンバー自らが気づき、問題を修復・改善できるよう指導することが求められる。

◉**「設定型問題」の解決にチャレンジする：**よりよいサービス提供のために「設定型問題」へのチャレンジが求められる。法人・事業所や職場の目標・目的にそって仕事が行われているか、チームの方針にそって仕事が行われているかどうか、マネジメントする役割である。期待される水準に照らして問題を見つけ、解決に結びつける役割がチームリーダーには求められている。「あるべき姿」に近づけるためには、チームとしてどのように行動すべきかを考え、部下や後輩職員を指導しながら問題解決のプロセスを実行していくことが大切だ。
※「発生型問題」、「設定型問題」については本章第2節図表5－3を参照

2 クオリティ・マネジメントの方法を理解する

「設定型問題」の解決に取り組むことで、サービスの質が向上し、利用者の満足度が高まる。「最低限のこと」や「当たり前のこと」だけを提供していては、「感動」を与えるサービスにはならない。

◉**ケアマネジメントにおける品質管理：**品質（クオリティ）をマネジメントする方法を、ケアマネジメントを例に考えてみよう。利用者や家族とよく話し合い、利用者の状況、環境、希望などを把握する（アセスメント）。その人なりの目標を設定し、目標を達成するためのケア計画を策定する（プランニング）。計画に基づきケアを提供する。ケアが目的にそって行われているか、目標にどのように向かっているか評価する（モニタリング）。評価に基づいて計画を見直したり、目的や目標を修正したりする（アクション）。

◉**PDCAサイクルは問題解決方法の基本：**いま現場で起きている問題、これから起こりうる問題を管理することは、ケアマネジメントと同様な方法であることがわかるだろう。PDCAは、問題解決方法の基本である（**図表5－1**参照）。

3 チームリーダーの役割

いま起きていることのうち、業務標準にそった業務遂行に関することは、部下や後輩職員がSDCA（標準→実行→検証→改善）の方法で解決できるように助言・指導していく。大きな逸脱や、放置しておけば重大な結果が生じるかもしれない問題（脅威）には、チームリーダーとして、その意味を部下や後輩職員に伝え、理解させることが求められる。運用のレベルでは、部下や後輩職員に考えさせ、問題解決を図る立場にあるといえる（**図表5－2**参照）。

◉**「考え続ける」チームづくり：**創造性を高めて組織的課題へ挑戦することが、チームリーダーに求められる大きな役割である。チャレンジ精神をもたないチームリーダーのもとでは、問題が発生した場合、「発生前」の状況に復旧することはできる。しかし「あるべき姿」を描いて「目標」を設定することで、復旧にとどまらず、よりよい解決、継続する解決ができ、チームは「考え続ける」組織に成長していくことができる。

◉**経験にこだわりすぎない：**チームリーダーに任命される職員は、それなりの経験と技術をもっている。成功の体験と同時に失敗の経験ももっているだろう。経験が、「改善」や「革新」の「足かせ」になることがあることには気をつけよう。「これまでは」「以前に同じことがあった」「やってみたけれど」などと考え、「あるべき姿」を描けないことがある。経験にこだわりすぎ、現状を見つめているだけでは、よい解決の方向は見えてこないことに気をつけなければならない。

●図表5－1　PDCAサイクル

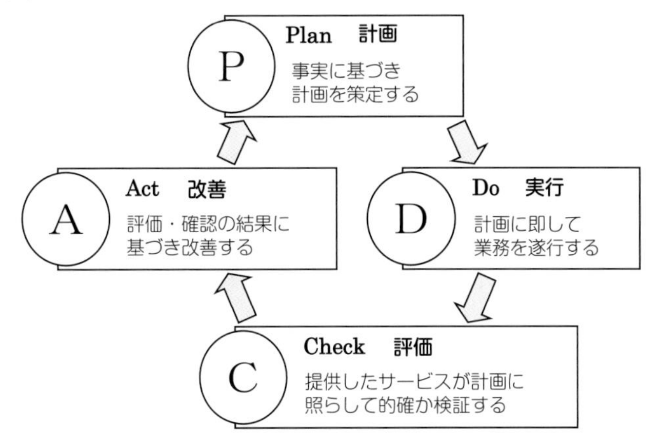

（著者作成）

●図表5－2　チームリーダーの位置づけ

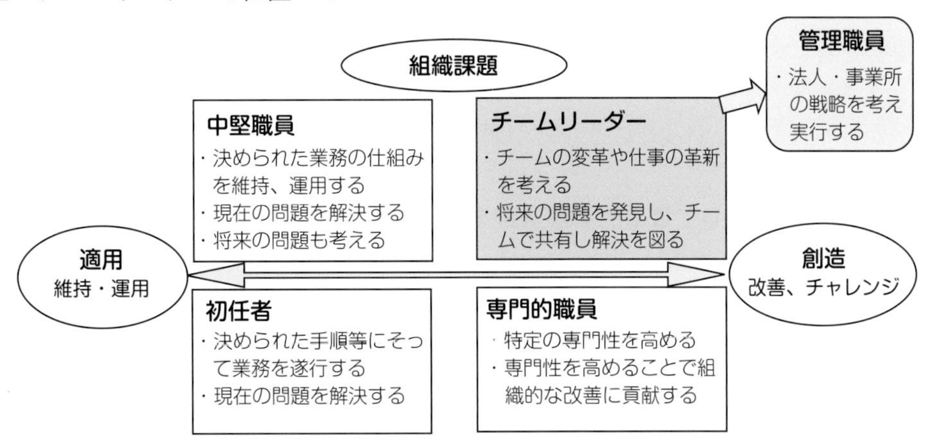

（著者作成）

問題を分析し、課題にするための方法を知る

1 問題を解決に向けた「課題」にする

クオリティ・マネジメントとは、サービスの質の目標を設定し、目標を実現するための計画を立てて実行し、検証・改善をする一連の流れである。

◉**まず現状の分析を行う：**問題解決の大きな流れは、問題の発見・認識→現状の分析（「あるべき姿」とのギャップを把握する）→解決策の立案→解決策の実行→結果の評価、ということができる。この流れのなかで、「困ったこと」「何とかしたいこと」というレベルの問題を、検討し分析して解決の方向へ向かわせる作業が、問題を「課題」にすることである。ただし、表面的な事実だけを見て対症療法（目の前のことだけを見る。モグラたたき）的な対策をしたのでは、問題は「課題」になっていかないことに注意しなければならない。

2 対症療法的ではない抜本的な解決策に取り組む

例をあげて考えてみよう。ある老人ホームの玄関を入った廊下に、紙オムツの段ボール箱が山積みにされていた。すぐわかる問題点は、「見栄えが悪い」「通行の妨げになる」などである。対症療法的に倉庫などの空いているスペースに移してしまえば問題は解決したかのように見える。しかし、これは「できること」「やれること」の範囲で考えているだけである。問題や原因の掘り下げが不十分で、その場限りの対策になってしまう。背景にある大きな問題を解決できないでいると、職員が疲弊し、仕事が苦しくなり希望が見えなくなる恐れもある。

◉**「なぜ？」を繰り返す姿勢を身につける：**問題を「課題」にすることとは、目に見えることの背後にある事実を洗い出すことであり、「なぜ？」……を何度も繰り返し考え、調べる必要がある。「なぜ山積みになるほどの量が一度に納入されるのか」「どうしてこの場所に置いたのか」……このような検討をすることによって、例えば発注や検収の作業があいまいで、ムダが生じていることがわかってくるだろう。

さらに、山積みの紙オムツの段ボール箱の存在に気がついていても「誰も変えようと思わなかった」ことの原因を探らなければならないだろう。チームリーダーは「なぜ？なぜ？」を繰り返す姿勢を身につけよう。この例でいえば、いつのまにかオムツの発注量が増加していたことがチェックされず、その背後にはアセスメントが不十分で、利用者一人ひとりに合った適切な排泄のケアが行われていなかったことなどが明らかになった。

◉**「困ったこと」を分析して抜本的な解決策を：**「困ったこと」という問題を分析し、根本的な解決策を策定し実行することを「課題化」という。課題化することで、対症療法的でない抜本的な解決策に取り組むことができる。その結果、サービスの質が向上し、利用者と職員の満足度が向上するだろう。上記の例では、本当の問題は、「オムツの発注から移動・保管が管理されていないことや、適切な排泄ケアがなされていないこと」であり、ここまで分析した結果の解決方向は、「利用者一人ひとりに合わせた排泄ケアを実施し、必要最小限のオムツ使用ですむように法人・事業所の運営スタイル、ケアの方法を改善する」こととなったのである。

3 問題を共有し「構造化」して分析する

現場では、対応しなければならない問題が常に発生している。緊急に処置しなければならないことが連続して起きる。問題が詰まっている場、それが職場である。チームリーダーは、一つひとつの「現在の問題」に対応しなければならないが、それに加えて「将来の問題」を解決するために対応しなければならない。前で述べた例のように、現在の「困ったこと」のなかにも「将来の問題」を解き明かすヒントになることが含まれている。

◉**意識的に課題を分析し、チームとして解決に導く：**チームとして問題解決をするためには、問題を共有しなければならない。チームメンバーによって問題の捉え方は異なる。例えば、目先の仕事に追い立てられていると、大きな問題を見逃してしまうことが起きる。問題を「課題」にして、組織的に解決に導くためには、意識的に問題を分析する「構造化」が必要である。チームリーダーには、問題の構造化の能力が求められる（**図表5－4**参照）。

●図表5－3　問題の種類とチームリーダーの役割

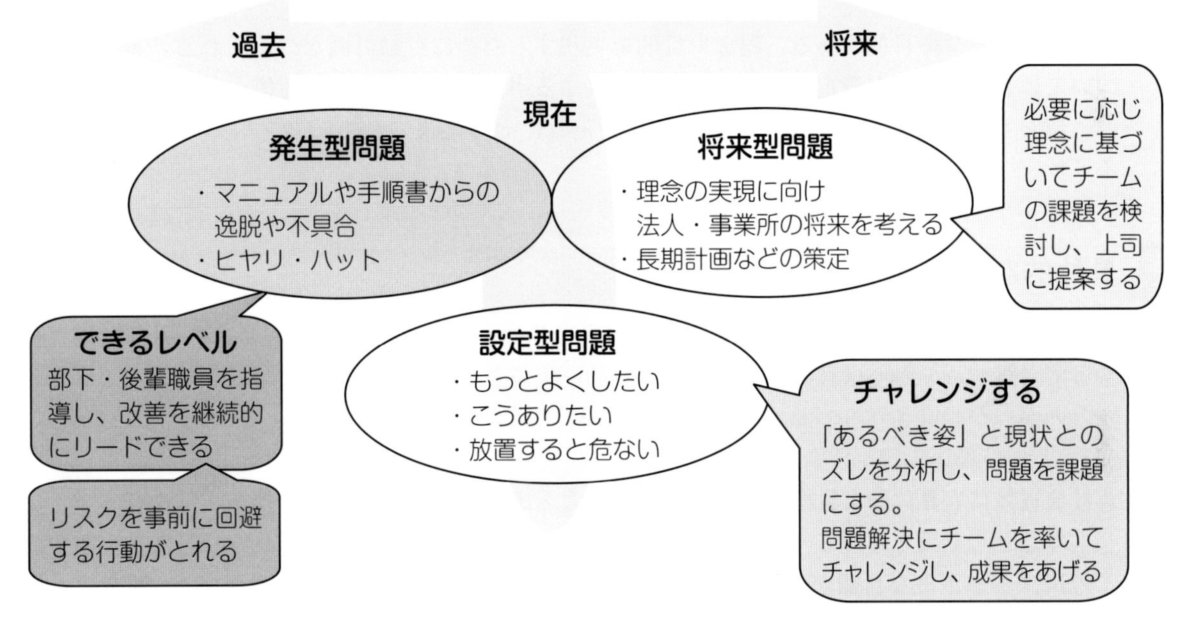

（著者作成）

●図表5－4　問題の構造化

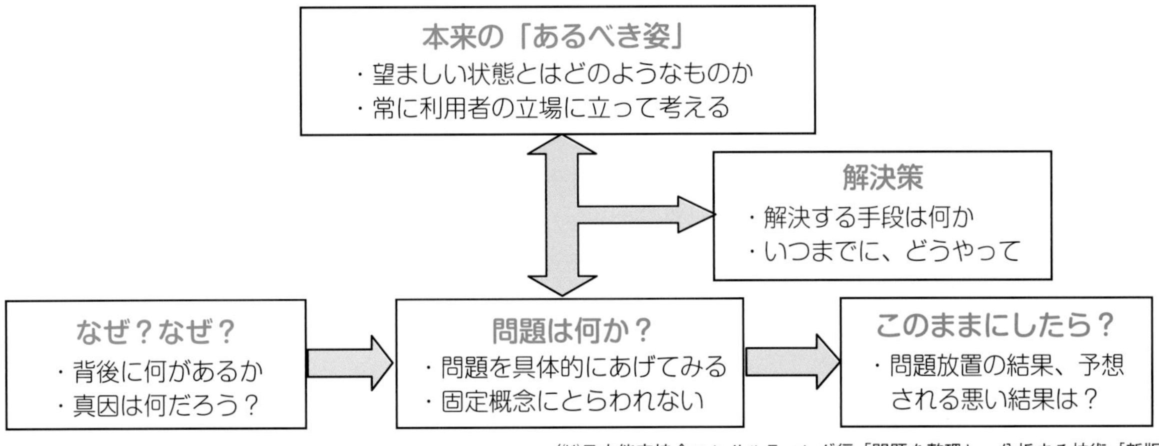

（㈱日本能率協会コンサルティング編「問題を整理し、分析する技術［新版］」日本能率協会マネジメントセンター、2012年、17頁を参考に著者作成）

課題解決の方向を示し、先頭に立つ

1 「あるべき姿」を明らかにし、問題を課題にする

問題を課題化するためには、「あるべき姿」を設定しなければならない。

◉**「発生型問題」**：「決められたやり方」とのギャップ（ズレ）を把握することで、問題が明確になり、解決策も比較的容易に策定できるであろう。

◉**自ら「設定型問題」を発見し、解決する**：「設定型問題」を発見するためには、何が望ましい状態なのか＝「将来のあるべき姿」を設定し、自らの力で問題を課題にし、解決する働きが求められる（**図表5－5**参照）。

組織には理念や目的がある。理念や目的を実現するために行動計画がつくられる。重要な事柄については目標や計画が策定される。組織を構成する事業所やチームは、組織全体の目標達成のために、自らが担当する業務やチームの目標を設定し、その実現のために力を尽くすことが必要である。

2 具体的な目標を設定する

目標とは、目的を実現するため一定の期間内に到達したいと考えるゴールである。「地域に何をもって貢献するのか」は目的であり、その目的を実現させるために目標として「何をどこまで達成するのか」が設定されるのである（**図表5－6**参照）。

◉**社会貢献にも具体的な目標策定と実行を**：法人・事業所は、なんらかの社会貢献を行うことを基本理念として設立されている。理念をもとに、目的やビジョンが設定される。目的を実現するために、さまざまな目標が設定される。例えば、事業の継続性を得るために財務の健全化が必要だったり、事業収支を○％プラスするという目標が設定されたりすることがあるだろう。

まず「利用者の尊厳を守り、自立を助けるケアの実現を通じて、地域福祉を向上させる」理念（法人・事業所の存在意義）があり、理念に基づいた目的として、「安全で安心なケアの提供」が設定され、具体的な到達目標として、「骨折事故をなくす」「ヒヤリ・ハット事例を分析して事故予防を行う」などが策定・実行される…このような道筋をたどることが必要だ。

◉**到達すべき目標は測定できるものを**：目標は、到達すべきゴールが鮮明に示され、組織内で共有化されなければならない。また、ゴールに対する達成度（成果）は、測定できるものであることが重要である。目標が鮮明になれば、現状とのギャップを把握することができる。把握することでゴールに到達するための具体策と工程を考え、成果をはかる物差しが設定できるようになる。
※第3章4節図表3－4を参照

3 チームの力を最大化させ、目標達成につなげる

チームはさまざまな人（メンバー）によって構成されている。問題解決にあたって、チームリー

ダーの役割は、チームのもつ力が最も大きくなるように、組織の力を発揮させることにある。そのためには、チームのメンバーが、職務や役割を理解し、当事者意識とコミュニケーション力を高め、互いに援助し合う関係をつくらなければ力は発揮できない。

◉**メンバーに委譲すべき権限を明確にする：**職場には、メンバーがやるべき仕事からチームリーダーでなければできない仕事まで、幅広い仕事がある。チームリーダーとして留意すべきことは、メンバー一人ひとりの職務の範囲と委譲すべき権限とを明確にすることである。チームリーダーが全ての問題を自分ひとりで解決することはできない。また、問題を指摘するだけでメンバーに解決をまかせきり（丸投げ）にしてしまうことも誤った方法である。

チームリーダーは目標の設定と成果に対する責任をもつ。目標の意義と達成の道筋をメンバーに伝えて理解させ、達成まで目標を掲げ続け、工程を管理し、目標達成までの進み具合（進捗度）をはかることを継続していかなければならない。

●図表5－5 「あるべき姿」の設定が課題化への道

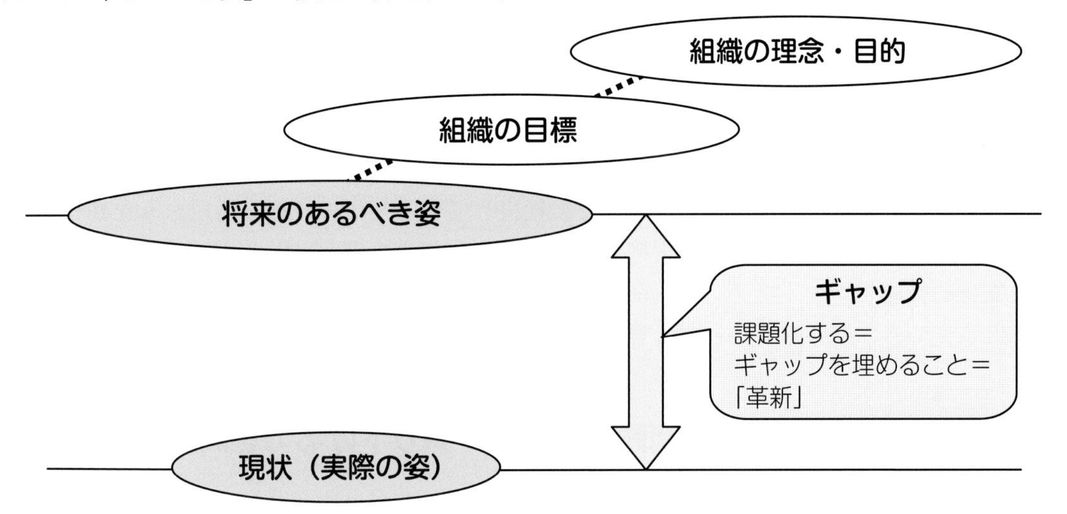

（著者作成）

●図表5－6 理念のもとに目的が生まれ、目標が立ち、解決策が生まれる

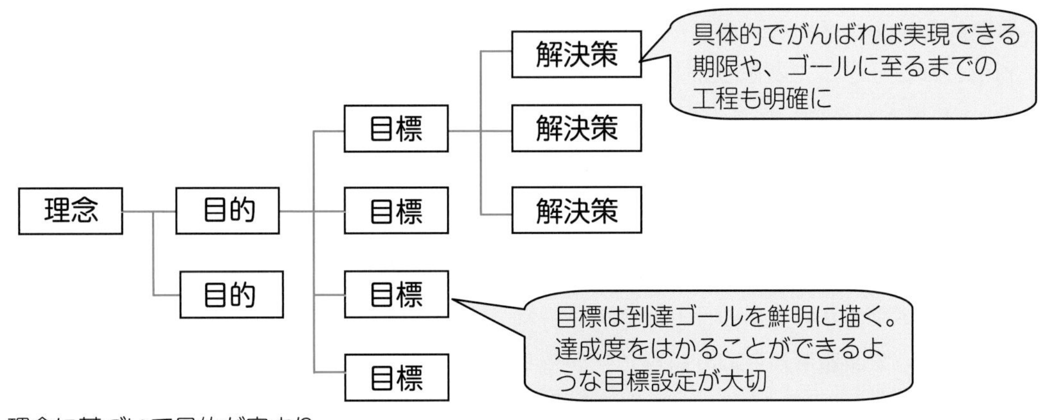

理念に基づいて目的が定まり
☛目的を実現するために目標が設定され
☛目標を達成するために解決策〈行動計画〉が策定される

（著者作成）

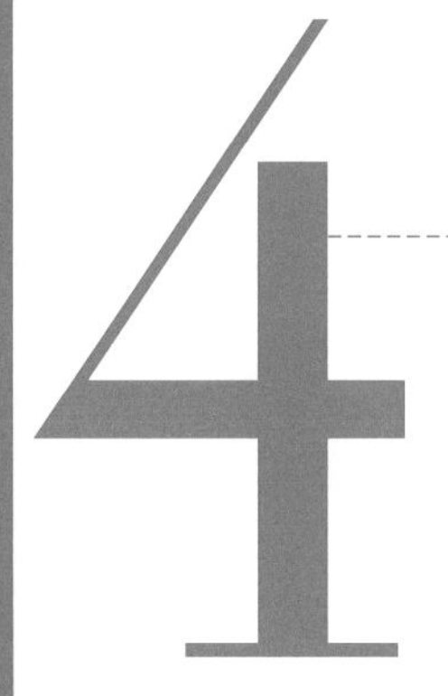

チームの問題解決力を高める

1 スーパービジョンの機能を知り、メンバーの成長を促す

チームリーダーには果たさなければならない3つの役割がある。

- 問題解決のため、チームの目標達成のために先頭に立つ。
- 知識や技術で同僚・後輩職員のモデルとなる。
- スーパーバイザー（スーパービジョンを行う者）としての役割を知り、メンバーの成長をうながす。

◉**専門家の養成と人材の活用のために**：スーパービジョンとは、専門家による「専門家の養成および人材活用の過程」であるといわれる。スーパービジョンには、管理的機能、教育的機能、支持的機能があり、この3つの機能は、チームリーダーとしてチームの問題解決力を高めていくうえで参考にできる。

- **管理的機能**：グループメンバーの能力を把握し、それに見合う業務を担当させるなかで、グループメンバーが成長を図れるように管理すること
- **教育的機能**：グループメンバーがすでに獲得している知識・技術の活用をうながす方法を示唆したり、不足している知識を指摘し課題を示したりすること
- **支持的機能**：グループメンバーが業務上でできていることを認めるとともに、できていないことに気づき、取り組もうとする意思を励ますこと

2 メンバーの気づきを促し、問題を発見し、掘り下げる力を高める

スーパービジョンは、スーパーバイズを受けたメンバーが専門家として成長することを目指して行われるものである。スーパービジョンを知り、チームリーダーとして応用することでチームとメンバーが成長する。

◉**問題を発見する力、掘り下げる力**：メンバーの問題解決力をアップさせるスーパービジョンは、質問的な技法で進められる点がポイントである。例えば、業務を振り返る際に、「○○の場面で、利用者はどう思ったと思うか」「ケアを受けていたとき、利用者はどのような様子や表情だったか」「利用者が本当に伝えたかったことは何だったのだろうか」…などの質問をすることで、メンバーの気づきをうながし、問題を発見する力、掘り下げる力を高めることができる。

3 メンバーの参画を得て問題を明らかにし、解決策を考える

問題は、チームリーダーがひとりで考え行動して解決できるものではない。可能な限りメンバーの参画を求めて問題解決に取り組むことが望ましい。チームメンバーが参画して現状を話し合うことで、事実がより明確になり、「あるべき姿」とのギャップ（ズレ）をより正確に把握することができる。問題の課題化と認識の共有が進み、解決策について議論することで、よりよい解決策を見出すことにつながるだろう（**図表5－7参照**）。

◉**問題解決に主体的に加わる：**メンバーの参画とは、メンバーがその場にいればよいのではない。メンバーが問題解決に主体的に加わることが参画である。一人ひとりが、「こうしたい」「よい方向に変えるためにどうしたらよいか」と考えることが大切だ。このプロセスを通じて、メンバーは「内発的」な動機で働き、進んで問題解決に取り組む職員に成長していくだろう。

◉**チームリーダーは「支持的機能」を活用する：**チームリーダーは現場でメンバーと共に仕事に取り組みながら、チームをまとめている。スーパービジョンの3つの機能のうち「支持的機能」をチームリーダーは上手に使い、メンバーの力を向上させよう。例えば、メンバーの特性を捉えながら意識的に次のような行動をとってみることは有効な方法だろう。

- **成功の共有：**「メンバーのAさんのケアはとてもよいので、ノウハウを見習おう」
- **メンバーの活用：**（Aさんに）「○○さんのケアにBさんを同行して教えてあげて」
- **メンバーのレベルアップの方向性を示す：**「技術はうまくできるようになったから、ケアの後30秒だけ利用者さんと話をしてみよう」

チームリーダーは、チームが力を発揮できているか、そこにチームリーダー自身がどのように関わっているかを考えよう。メンバーに適切な役割を与え、メンバーを励まし、チームリーダー自身もともに成長していく姿勢が望まれる。

●図表5－7　「気づき」からはじまり、設定型問題をチームの力で解決する

メンバー、チーム		育てるためのリーダーの関わり
気づき	毎日の業務で問題がある	・育てるスーパービジョン ・問題の整理、励まし
意欲	問題を解決したい	
問題の構造化	「あるべき姿」と事実とのギャップを「はかる」	・設定型問題解決をリードする ・職員が育つプロセスを重視 ・集団の意見を集め代替案も作成
課題化	どうすればよいか 解決・改善方策を考える	
実行	解決策をやってみる	・PDCAを管理する ・工程表にそい、途中の到達点もメンバーに示す、その際はポジティブな視点で、できたこと到達したことからまず評価 ・未達のチェックもしっかりと
結果	成功した（失敗した）	・「あるべき姿」と比較して成果をはかる ・結果だけでなくプロセスも評価 ・次の問題に目を向ける姿勢

・内発的動機で仕事に取り組む職員に育つ
・当事者意識やメンバーとしての責任感が醸成
・仕事が楽しくなり、チーム力が増す

（著者作成）

チームの実践研究活動を活性化させる

1 実践研究を通じてチームを学習する組織に成長させる

チームリーダーは、実践のなかから生まれる切実な思いに基づき、改善の必要性を強く感じることが多いだろう。メンバー一人ひとりも「これでよいのだろうか」「利用者の期待に応えるためにはどうしたらよいのだろう」「知識や技術を高めたい」など、さまざまな思いをもっている。実践研究とは、こうした思いから出発し、問題を「研究」的な視点で解決していくことである。現場で感じた問題を「研ぎ澄まし」(=よく分析して)、「究める」(=問題の原因を明らかにする) ことであり、現場は、研究の宝庫であるといえる。

◉**チームを「学習する組織」に：**実践研究を行うことは、仕事の改善に役立つ。同時に、実践研究に取り組むことによってメンバーやチームの問題を発見する力、分析する力、調査する力、論理的に考える力、説得する力などを高めることになり、「学習する組織」へとチームが成長できるだろう。

2 業務で感じた問題を研究し、サービス向上につなげる

実践研究とは、すでに認められている理論や方法を学び、現場で起きている事実を調べ、客観的な根拠に基づいて、新しい事柄や方法を明らかにすることである (**図表5－8**参照)。

◉**サービスの向上につながる実践研究を：**実践の場で意味のある目的でなければ、実践研究にはならない。意味のある目的とは、サービスの向上につながるかどうかで判断する。「長時間にわたって徘徊を繰り返す高齢者の骨密度を調べ高い値が得られた。したがって、適度な運動 (徘徊) は健康によい」という研究を目にしたことがあるが、こうした研究は、利用者にまったく寄り添っていないものであり、社会的に意味があるとはいえないことが容易に理解できるだろう。

◉**業務のなかで感じた問題を調べ、文章化する：**業務を遂行するなかで、感じた問題を課題にして解決に取り組んでいると、いままで「当たり前」だと思われていたことへの疑問が生まれることがある。また、経験豊富な職員が自然に行っている行為がマニュアルには書かれていないため、他の職員に伝えることが困難であることも多い。福祉サービスの現場には、経験的な知識や技術、ノウハウが存在するが、十分に伝えられていないことがある。現場で直面するさまざまな問題を調べ文書化すること、さらによりよいサービスの方法を現場で磨きあげ、開発・発展させることも、大切な実践研究といえる。暗黙知を形式知として文章化することも重要だ。

直接的なサービス場面に限らず、事務や調理、施設管理など全ての現場で、メンバーが疑問に思ったこと、調べてみようと思ったことについて、励まし、共にチャレンジする姿勢が重要である。

3 チームの力を引き出し、実践研究に取り組む

研究は、「何を調べるのか」を明らかにすることから始まる。疑問を整理し、「同じ疑問をもった人はいるのか」「すでに解決方法が示されているのか」どうかを調べる。チームで討論したり、分

担して文献を調査したりして、メンバーの力を引き出すことが大切である。

◉**新しい視点、違った角度で現状を見つめる**：組織の一員として仕事をしていると、組織で行われていることに疑問をもたなくなることがある。チームの力を引き出すためには、新しい視点で問題を捉えたり、これまでとは違った角度から現状を見つめてみたりすることも必要である。したがって、チームで実践研究に取り組み、複雑な問題を解きほぐすことができるようになるためには、一人ひとりの自由な考えを大切にすることが重要になる。

何となく違和感をもちながら仕事に臨むより、意見の違いがあることを前提にして議論し合意形成をするほうが、組織のレベルは上がる。選択肢がなく解決策が自動的に決まってしまうようなあり方は、かえってリスクが高いといえる。

◉**「拡散思考」と「収束思考」**：集団の知恵を引き出す方法として、「拡散思考」と「収束思考」という考え方がある。ブレーンストーミング（BS）は拡散思考の基本的方法であり（**図表5－9**参照）、収束思考の方法としては「KJ法」や「特性要因図」がよく知られている。

問題が明らかになれば、「仮の答え（仮説）」を考え、仮説を検証するため、解決策を「いつ」「誰が」「どうやって行う」といったレベルまで決める。実行の段階では、結果を判定するための記録などの方法を決め、正確に記録する。

実際に問題解決に取り組み、結果をまとめる。表やグラフを使うと結果の判定はわかりやすくなる。実践研究の結果は、文章化し発表することが大切だ。

●図表5－8　実践研究に役立つ思考の流れ

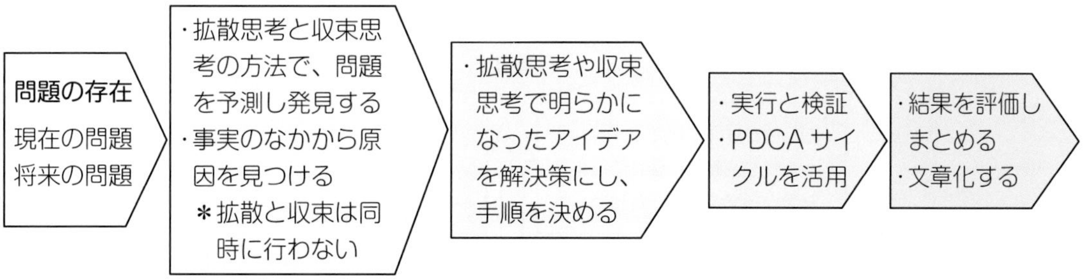

問題の存在
現在の問題
将来の問題

→

・拡散思考と収束思考の方法で、問題を予測し発見する
・事実のなかから原因を見つける
＊拡散と収束は同時に行わない

→

・拡散思考や収束思考で明らかになったアイデアを解決策にし、手順を決める

→

・実行と検証
・PDCA サイクルを活用

→

・結果を評価しまとめる
・文章化する

（著者作成）

●図表5－9　ブレーンストーミング（BS）の原理と原則

ブレーンストーミングの原理	・内容が正しいかどうかその場で判断しないでよい →自分の意見が言いやすくなる ・通常の考え方を超えて発想を広げる →他人の意見に刺激を受けて新たな発想が生まれる
ブレーンストーミングの原則	①自由奔放 ・自由に意見を出し合う ・何を考えてもよい、奇抜なものでも構わない ②批判厳禁 ・自分や他人の意見を批判しない ・その場で、意見のよい悪いの判断をしない ③大量発想～質より量 ・広い角度から、できるだけたくさんの意見を出す ・アイデアの量は多いほうがよい ④便乗発展（結合改善） ・他人の意見を参考にする ・アイデアを組み合わせて考える

（著者作成）

前巻までのポイント

業務課題の解決と実践研究

以下の内容は、『福祉職員キャリアパス対応生涯研修課程テキスト』〔初任者・中堅職員編〕の第5章をまとめたものです。

1 福祉サービスの特性 【初任者編・第5章第1節】

■サービス業のなかでも、福祉サービスにはより注目すべき特性がある。

《福祉サービスの特性》

①ほしくて求める商品（サービス）ではないこと
②情報の非対称性が存在すること
③サービス需要の背後にある問題を捉えることが重要であること
④共同指向的であること
⑤公共性・継続性が強く要求されること

2 問題の捉え方 【初任者編・第5章第2節】

■問題の捉え方は、気持ちのもちようと行動によって異なる。

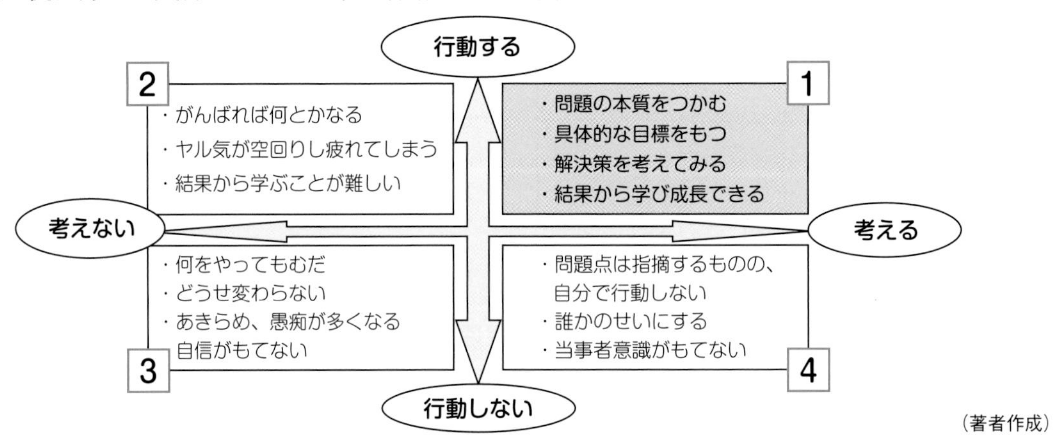

（著者作成）

3 SDCAサイクル 【初任者編・第5章第2節】

■最初のあるべき姿は、「決められた方法で仕事を正しく行うこと」である。問題とは、実際と「あるべき姿」とのギャップ（ズレ）である。

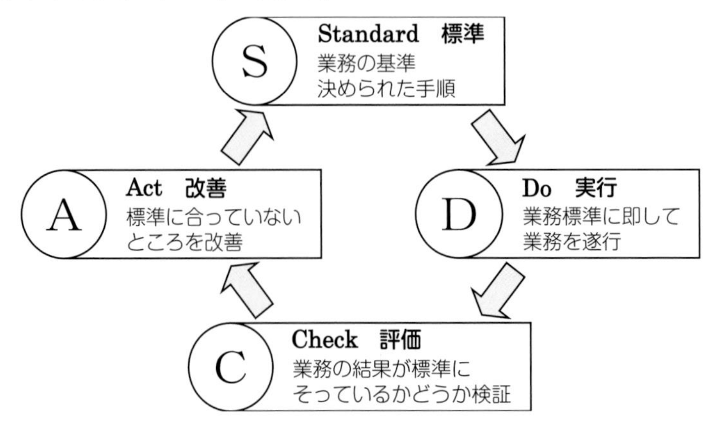

（著者作成）

4 問題の種類と中堅職員の役割【中堅職員編・第５章第２節】

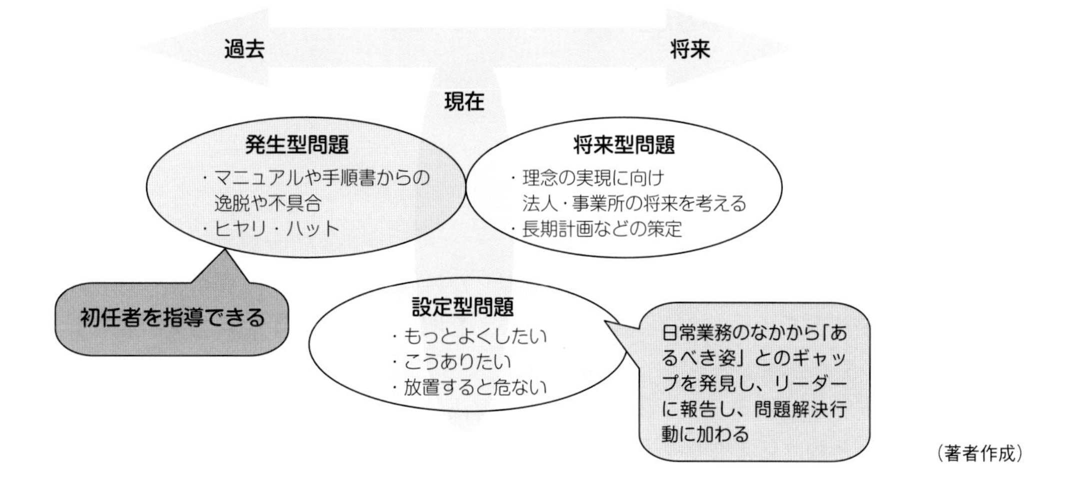

（著者作成）

5 問題を課題にする【中堅職員編・第５章第３節】

■問題を問題のまま放置していたのでは解決につながらない。問題の発見から解決策をつくり、実行に移す計画を作成し、組織として取り組むことが必要である。

《６Ｗ２Ｈで事実を把握する》

６Ｗ２Ｈ		チェックする内容の例
Why	なぜ、何のために	業務は目的にそって行われたか 職員の業務の目的や理由の理解は十分だったか
Who	誰が	それぞれが、自分の役割を理解していたか
Whom	誰に	利用者中心の業務になっていたか 職員の都合で業務をこなしてはいなかったか
What	何を	業務の手順は職員に正確に理解され実行されていたか 業務標準や手順書に問題はなかったか
Where	どこで	業務を行う場所は適切であったか
When	いつ	事前の準備や手配はできていたか 時期、時間を意識し開始時刻や業務時間は守られたか
How	どのように	方法や手段を理解して業務をしていたか 業務のプロセスは正確で利用者は快適だったか
How much	どのくらい	提供したサービスは費用に見合っているか むだはなかったか

（著者作成）

6 実践研究の意味を知る【中堅職員編・第５章第５節】

■実践研究は、内発的な動機に基づいて取り組むことが望ましい。改善過程の苦労は、成し遂げると大きな達成感につながる。

《実践研究（改善）は楽しく》

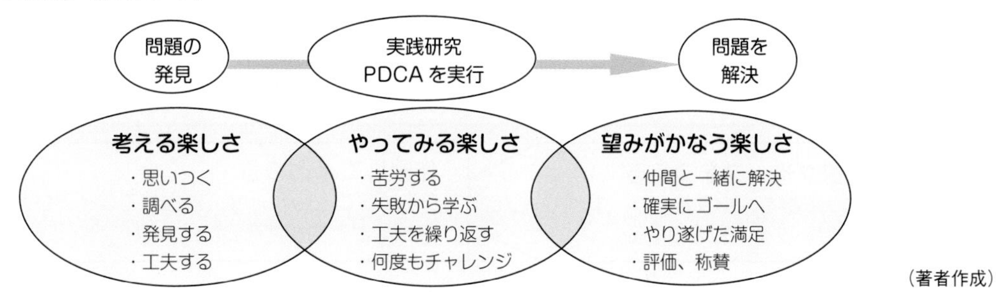

（著者作成）

ティータイム

問題解決の手法

現状分析の2つの思考方法

問題の解決のために現状を分析・把握しなければならない。まず、問題に関する事実をまとめ、何が問題なのか、ポイントは何なのかを明らかにする手順が必要である。この思考方法を「拡散思考」という。

次に問題解決を考えていく段階では、解決策や改善策を考え、そのなかで何が真の解決策になるのかと絞り込んでいく作業が必要になる。このときに用いられるのが「収束思考」である。

問題解決に際しては、拡散思考→収束思考が原則である。「拡散思考」で何かを見つけるたびに評価し解決策を考えるやり方では、行き当たりばったり式になってしまう。場当たり的対応や「モグラ叩き」的対応をして、よい結果が得られなかった経験をもっている人は多いのではないだろうか。拡散思考方式で徹底して問題を洗い出し、その後に、「収束思考」を用いて解決策を考える方法を身につけることが重要である。

手法1 ……… 拡散思考

ブレーンストーミング（BS）は拡散思考の代表的な方法である。集団で行う拡散思考の方法はさまざまな方法がある。本章第5節で述べたブレーンストーミングの原則は、拡散思考で問題を探す際の共通したルールとなっている。とくに自分で自分の意見を批判し「言ってもだめだろう」などと考えてはならない（批判厳禁）。ブレーンストーミングの進め方は以下のとおり。

テーマ設定
・具体化が重要
→ 自由に発言
・4原則を徹底
→ 評価
・アイデア同士の結合
→ 再BS
・ラフなアイデアから重要なポイントへ

手法2 ……… 収束思考

収束思考の代表的な方法は「KJ法」である。その他、問題の要因を次々に考え魚の骨のような形で表す「特性要因図」などさまざまな方法がある。以下にカード（付箋）を使ったKJ法の手順を示しておく。

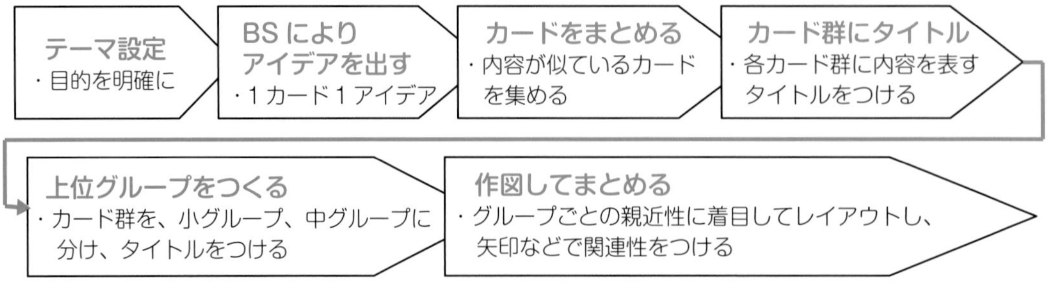

テーマ設定
・目的を明確に
→ BSによりアイデアを出す
・1カード1アイデア
→ カードをまとめる
・内容が似ているカードを集める
→ カード群にタイトル
・各カード群に内容を表すタイトルをつける
→ 上位グループをつくる
・カード群を、小グループ、中グループに分け、タイトルをつける
→ 作図してまとめる
・グループごとの親近性に着目してレイアウトし、矢印などで関連性をつける

第6章

リスクマネジメント

サービスの質の確保・向上と
リスクマネジメント

目標

◉第6章では、福祉サービスのリスクマネジメントの基本的視点に基づき、リスクマネジメントの仕組みづくり（リスクマネジメントシステム）に取り組むとともに、事故や過誤の再発防止に向けた具体的な取り組みができることを目標とする。

◉はじめに、福祉サービスのリスクマネジメントシステムは、サービスの質の向上を目指して構築することが目的であることを学ぶ。

◉次に、そのために必要な事故・過誤や苦情の発生原因の分析の視点、また再発防止策構築の視点を学ぶ。なかでも、リスクコミュニケーションの方法について理解を深める。あわせて、業務標準を表した業務手順書作成の視点と方法も学ぶ。

◉さらに、福祉サービスの質の確保のために必要なコンプライアンスの視点を学ぶとともに、リスクマネジメントの基本である事業の継続に関し、福祉サービス固有の利用者重視の視点を理解する。

構成

1 リスクマネジメントシステムを構築する

1 プロセス指向で取り組む

福祉サービスは、医学モデルから生活モデル（社会モデル）へ転換を図るなか、よりよいサービス提供のため、職員の気づきを重視してきた時代があった。介護サービス分野での「おむつ外し」や「チューブ外し」などの取り組みは、利用者の意向を尊重したよいサービスに気づくことのできる職員を中心として広がったが、それらは、その職員の属人的な力量により行われ、他の職員は、その職員の背中を見てその方法を学ぶしかなかった。

福祉サービスは、職員が、自らの感覚で利用者にサービスを提供するのではなく、職員の誰もが、組織が定めた「よい方法」にそってサービスを提供できるようにすることが必要である。これをプロセス指向という。業務標準（業務手順書）を作成するのはそのためのひとつの手段である。業務標準により、職員間のサービス提供方法にばらつきが生じにくくなり、利用者は安心してサービスを受けられるとともに、サービスが効率的に提供できる。

事故や過誤などが生じた場合、業務標準があると、中堅職員編第6章第3節（1）に示したとおり、業務標準に記述した内容の不具合として捉えることができるため、職員個人の責任追及となりにくく、職員は安心できる。事故や過誤などをきっかけとして、職員が協力して業務標準を見直すことができると、さらによりよい業務標準が出来上がっていく。

サービスの質の確保・向上は、よいサービスに気づける職員個人の属人的な力量に頼るのではなく、よいサービスの提供プロセスを業務標準として可視化し、それを組織全体のものとする、プロセス指向の仕組みとして構築していく。

2 重点指向で取り組む

サービスの質の確保・向上に取り組む際、必要な課題全てに取り組もうとするのではなく、問題が生じやすい重要度の高いものから優先的に取り組む。これを「重点指向」という。重点指向では、優先度の低いものには取り組まないことになるため、課題としてあげた業務の一部を意図的に捨てることになる。しかし、課題全体に取り組んだ場合より、効果的な改善を図ることができる。

「インシデントの大多数は多くの原因があるなかで比較的少数の原因から生じており、その原因を解決することが、インシデントの軽減に必要である」と指摘されている。

これはパレートの法則としてビジネスの世界でも広く認識されており、例えば、売上の8割は全体の2割の顧客によりもたらされているという「2：8の原則」と呼ばれることもある。

重点指向で課題に取り組む場合、チームリーダーは事実に基づいた分析をもとにメンバーの共通理解を得て課題を絞り込む作業を行う。メンバーの共通理解がないと、認識のズレを生じ、事故や過誤を誘発する危険性がある。

3 リスクマネジメントは継続的な改善の取り組みである

作成された業務標準（Standard）は、実際に運用し（Do）、業務標準どおり行えたか評価し（Check）、それを改善する（Act）。これをSDCAサイクルという。SDCAサイクルの業務を続けていくうち、事故・過誤や苦情の発生、環境の変化などで、業務標準を改善する必要が生じることがある。

改善された業務標準（Plan）を、新たに実行し（Do）、さらに定期的に評価し（Check）、継続して、さらに、業務標準に改善を加える（Act）ことにより、より質のよい業務標準ができあがる。この継続的改善の方法をPDCAサイクルという（**図表6－1**参照）。

社会福祉法第24条第1項には、経営の原則として、経営者によるサービスの質の向上の責務が規定されている。それは、このPDCAのマネジメントサイクルを回し続ける継続的な改善により、実施可能となる。

4 何が事実かを正しく認識する

事実とは何か。例えば、「戸締まりを確実に行った」という表現は事実といえるのか。これは事実の記述とはいえない。事実とは、後から証拠をあげて説明できることをいう。その事実に基づいて下すものが判断である。したがって、「戸締まりを確実に行った」とは判断である。「戸締まりを確実に行った」と言いたいのであれば、例えば「手で引いても戸が開かないように鍵をかけた」というような事実に基づく記述を行い、そのあとに述べるとよい。

私たちが業務中に作成する記録類には、事実よりも記録者の判断による記述が多くないだろうか。判断の記述では、事実を誤認することがある。サービスの質の確保・向上のためには、何が事実かを正しく認識することが不可欠である（**図表6－2**参照）。

●図表6－1　業務標準とPDCAサイクル

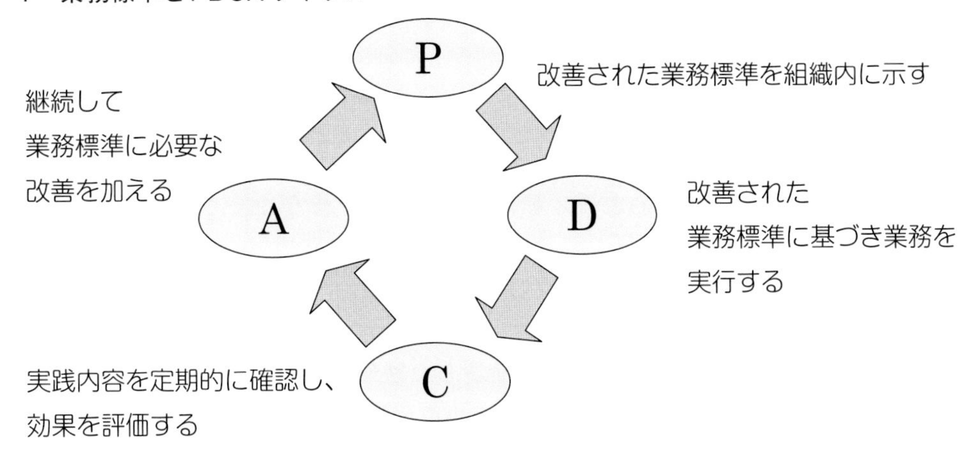

（著者作成）

●図表6－2　記録に見られた食事の全量摂取を表現した記述例

①おいしく食べられた
②全て食べられた
③残さず食べられた
④きれいに食べられた

①④が判断で、②③が事実

（著者作成）

再発防止の取り組みを進める

1 事故・過誤や苦情の発生要因を突き止める

事故・過誤や苦情が発生した場合には、その発生要因を突き止め、再発防止策を講じる必要がある。要因分析の手法にはさまざまなものがあるが、福祉サービスでは、医療現場で実施されている“なぜなぜ分析”（RCA分析）といわれる根本原因追究法が比較的使いやすい（**図表6－3**参照）。

この方法は、発生した事故に対し、なぜそうなったのかという事実を、**図表6－3**のようにどんどん掘り下げていき、根本原因を導き出す手法である。事故発生現場でも実施でき、事実が把握できていれば、分析が可能となる。

事故の要因がわかると、再度同じ事故が起こらないように再発防止策を講じる必要がある。再発防止策は、要因ごとにその対応方法が異なる。次の3つの要因に分けて捉えるとわかりやすい。

◉**職員要因**：職員の業務が原因で発生した事故
◉**本人要因**：利用者の行動が原因で発生した事故
◉**環境要因**：設備や社会環境など、職員、本人以外のことが原因で発生した事故

これら3つの要因は、どれか1つの要因がもとで事故が発生するというより、複数の要因が関係している場合が多い。

2 要因に応じた再発防止策をとる

◉**職員要因**：誤薬、介助のミスなどの過誤がこれにあたる。業務のプロセスにそって適切な業務手順書が用意され、職員が定められた手順に従って業務を行うことにより、再発防止が可能となる。
◉**本人要因**：転倒・転落などがこれにあたる。これら利用者の行動が原因で発生する事故は、職員が危険な状態に気づくことが必要となる。しかし、人によって気づきの視点はさまざまである。したがって**図表6－4**のように、ある場面を表した絵や写真などを用い、そこから読み取れる危険な状態（気づき）を共有することにより、事故の再発防止が可能となる。これを危険予知トレーニングという。
◉**環境要因**：人員の不足、設備の不良などがこれにあたる。これは、管理職層が人員の不足や設備の不良の改善を図ることで軽減することができる。そのためにもチームリーダーは、現場の状況をよく把握し、管理職層に必要な報告と提言を行う必要がある。

最近では、RCA分析を、はじめにシステムの有無、次にシステムどおりにできる環境の有無、最後にシステムも環境も整っていたのに事故が発生したというヒューマンエラーの有無に着目するといった、段階的な方法で実施することが一般的である。

3 リスクコミュニケーションをとる

同じ場面を見ても、危険と感じるか否かは人によって違う。つまり、人は自分のこれまでの経験則や価値観で気づけることにしか気づかない。

一方、例えば「早急に対応を行う」といっても、ある人は早急を「今すぐ」と捉えるかもしれないし、ある人は「2〜3日くらいの間」と捉えるかもしれない。同じ言葉を用いて話をしていても、その認識に違いが生じることがある。

事故等の再発防止のためには、職員間で、概念や言葉などの認識を合わせておく必要がある。これをリスクコミュニケーションという。リスクマネジメントの取り組みのなかで、認識を合わせておくことは重要である。

4 利用者の抱える固有のリスクを把握する

昨今、福祉サービスの利用者のニーズは複雑になるとともに、介助や介護を要する心身の状況も重度化している。そのようななか、組織や職員がこれまでの経験則をもとに問題に対応しようとしても、適切な対応につながらないばかりか、問題をさらに深刻にしてしまうことにもなりかねない。

医療現場では、治療の前に検査とそれに基づく診断が行われるように、福祉サービスも、サービス提供に際し、適切なアセスメントを行い、利用者が抱える固有のリスクを専門的な知識に基づき正確に把握する必要があるとともに、利用者支援に関する専門的な知識の習得は欠かせない。

●図表6－3　なぜなぜ分析（RCA分析）の例

移乗介助中に利用者の皮膚が擦りむけた

↓ なぜ？

車いすのアームに強くふれた

↓ なぜ？

いつもこの方法で行っていた

↓ なぜ？

これ以外の方法を教わっていなかった

↓ 根本原因

教育プログラムの不備が原因

（著者作成）

●図表6－4　どのような危険が潜んでいるか

（古澤章良、遠山敏、佐藤彰俊、砂川直樹『福祉施設における危険予知訓練（KYT）かんたんガイド』筒井書房、2003年、40頁）

業務標準（業務手順書）をつくる

1 業務標準の階層構造を理解する

社会福祉施設の利用（施設入所）を例にした場合、業務標準には次のような階層構造がある。

Ⓐ利用（入所）プロセス……利用（入所）のための面接から退所までの一連の標準的な流れ
Ⓑ利用中（入所中）に行う業務……入浴介助業務・食事介助業務・配薬業務等、一連の業務
Ⓒ個別の動作……入所中の業務内容に含まれる移乗、手洗いなどの動作

これら階層の関係を食事介助を軸にとりあげ整理すると**図表6－5**のようになる。
業務は全体に関わる大きな流れから個々の動作の手順に至るまで、階層構造が存在する。

2 業務手順書をつくる

私たちの業務は、さまざまな「すること」によって成り立っている。することには、「動作としてする（体を動かしている）こと」と、動作はともなわないが「気をつける（目を配る）こと」がある。さらに、「動作としてすること」には、「必ずすること」と、「してもしなくても業務を終えられること」がある（**図表6－6**参照）。

業務手順書とは、これら「すること」を、次の3つに分類して整理し、文書化したものである。

① 「必ずすること」
② 「してもしなくても業務を終えられること」
③ 「気をつけること」

①を時系列にタテに連ねることにより、業務の流れが明確になる。
②や③は、時系列のタテに付随した業務として、①のヨコに関連づけて並べることができる。
①は、ひとつの業務に対し、その数が概ね限定されるが、②や③は、数限りなくあげることができる。業務手順書は、「タテ」と「ヨコ」のクロス構造により整理するとわかりやすい（**図表6－7**参照）。

3 業務手順書作成の留意点を理解する

業務手順書を作成するうえで重要なことは、使用する職員が使いこなせることである。そのためには、使用する職員個人やチームの力量に合わせて作成する必要がある。

業務手順書は、最初から種類を多くしない。組織が必要と考える業務手順書の数は多くなりがちだが、職員がその存在を認識できる業務手順書の数は概して少ない。同様に、1つの業務手順書に多くの手順を記述しない。つまり、必要性に着目して作成するのではなく、有効性を考慮して作成する。重点指向で取り組むのである。

業務手順書は、その業務の「はじまり」と「終わり」を明確にすることも重要である。業務の最初と最後にすることが決まっていなかったため、その業務を誰も実施せず過誤が発生した例もある。業務手順書をつくる作業を通じて、業務の抜け落ちを防ぐというメリットも生じる。

4 業務手順書を定期的に見直す

業務手順書は、現場の業務の実態を反映した、最新のものが用意されていなければならない。最新のものを備えておくためには、職場で定期的に見直しを行う必要がある。定期的に見直しを行うためには、その手順書の使用期間（有効期間）や、見直しの責任者を定めるとよい。業務手順書には、あらかじめこれらを記しておくようにする。

定期的な見直しを確実に行うためにも、種類や記述内容を、管理できる範囲まで絞り込む。

●図表6－5　食事介助を軸にして捉える業務標準の階層構造の例

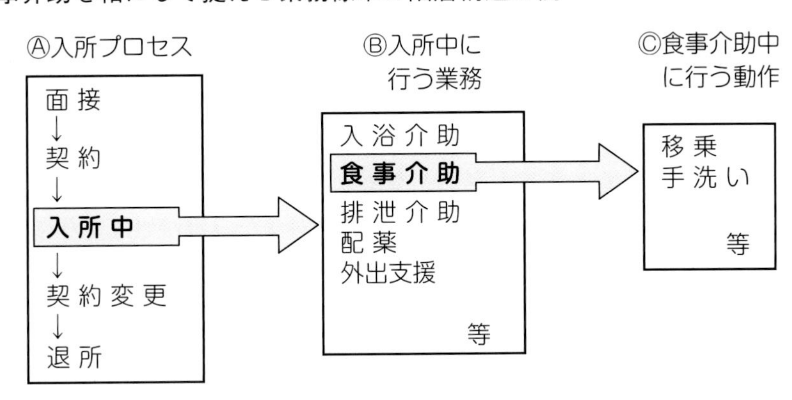

（著者作成）

●図表6－6　業務として「する」ことの分類

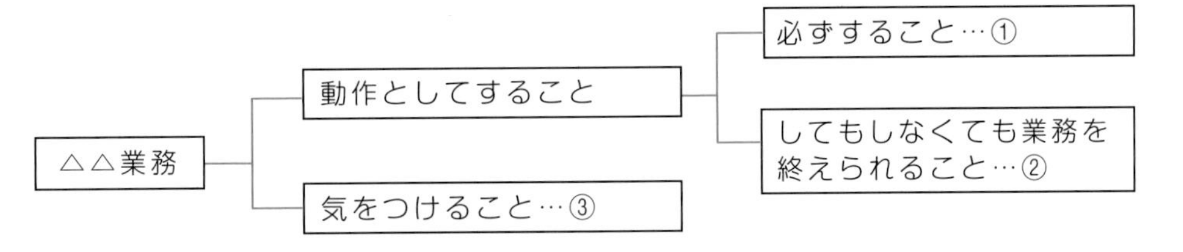

（著者作成）

●図表6－7　職場での「外出の手順」をもとにした業務手順書の構造例

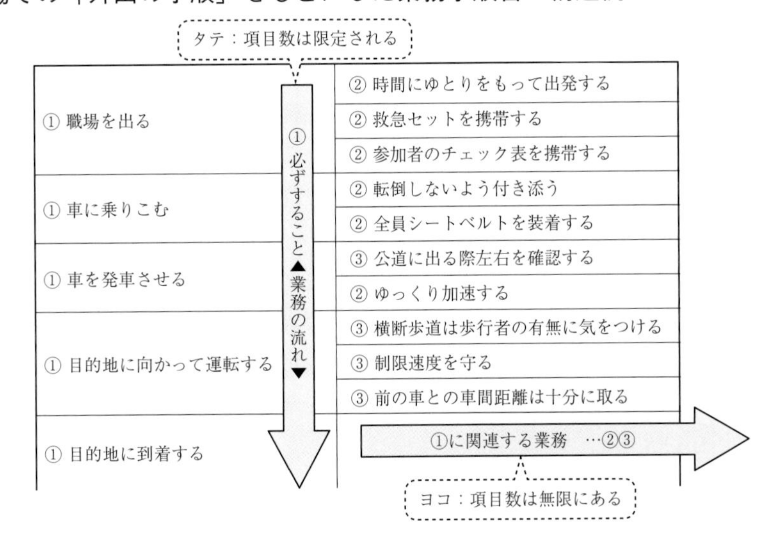

（著者作成）

福祉サービスのコンプライアンスについて理解する

1 利用者に対するコンプライアンスとは何かを理解する

昨今、福祉サービスにも、顧客満足という言葉が用いられている。一時、福祉業界では顧客満足という言葉を、商業用語で福祉サービスにそぐわないとして嫌ってきたが、私たちのいう利用者本位と同義と捉えるべきで、利用者のニーズに真摯に向き合うことを求める概念である。

サービスやモノは、**図表6－8**が示すように、まず、「よい質」と「悪い質」の区分がある。この場合の「よい質」とは、サービスやモノを提供する側が考える「よい質」である（プロダクトアウト）。「よい質」のものには、「使いやすい」ものと「使いにくい」ものがある。使いやすいか使いにくいかを決めるのは、顧客である（マーケットイン）。このように、顧客満足とは、よい質で、かつ使いやすいもののことを示す概念である。社会福祉法第５条に示されている「利用者の意向の尊重」とは、顧客満足である状態のことをいう。

1990年代、高齢者施設で身体拘束の是非が議論された時代があったが、それは**図表6－8**でいうと、サービスの質がよいか悪いかのレベルでの議論であった。現在では、身体拘束廃止は当然のことであり、その良し悪しを論じる段階ではない。いまは、利用者にとって使いやすいサービスを業務標準とする段階であり、その業務標準の上積みとなる個別支援計画やケアプラン等が、利用者の満足度の高いサービスとなっているかが問われている。よいサービスを提供することは当然であり、かつ利用者のニーズにそったサービス提供を行うことが、福祉サービスの利用者に対するコンプライアンスだといえる。

2 職員に対するコンプライアンスとは何かを理解する

近年、多くの福祉職場での精神的ストレスがもとでバーンアウトする職員が増えつつあり、新たな労務管理上のリスクとして認識されつつある。なかには、職員が利用者に対し過剰に感情移入するなど、業務として取り組む課題を私生活にまで持ち込み、私的な感情と業務上必要とされる感情との区分けが困難になり、感情の制御がきかない状態になる事例も見受けられる。医療現場では、小児ホスピス病棟などで同様の傾向が見られ、感情労働という概念が提起された。福祉も感情労働であり、その現場では職員が業務をひとりで抱え込んでしまった結果、過重労働となり、バーンアウトにつながりやすいことなどが指摘されている。

介護分野では、認知症ケアの場面を中心に、「なじみの関係」を築くことが推奨されてきた。しかし、「なじみの関係」をひとりの職員がひとりの高齢者に関わり続けることと誤解すると、仕事の終わりが見えなくなり、職員は大きな負担を背負うことになる。昨今では、利用者の重度化で業務が過重となり、さらにその状況に拍車をかける危険性もある。

組織での業務はチームで行うことが基本である。リーダーは、職員の業務分担を明確にし、職員個々が一日の業務の終わりが見えるよう配慮する必要がある。

福祉サービス提供事業者による労働法違反事例が公表されている（中堅職員編第6章第4節（4））。利用者によいサービスを提供するうえで、事業者が職員の労務管理の基本である労働基準法や労働契約法をはじめ、各種労働法制を遵守することは最も基本的な義務であり、職員に対するコンプライアンスであるともいえる。

3 リスクマネジメントの視点から見たコンプライアンスを理解する

福祉サービスのリスクマネジメントは、身体拘束廃止などからその取り組みが始まった。いまや、身体拘束は利用者の尊厳を損なう行為と捉えられ、すでに法的にも禁止されている。

近年、胃ろうを造設する要介護の高齢者が増えてきている。しかし、胃ろう造設は本人の身体への侵襲行為であり、本人の意思が明確に確認されないまま実施されるとすれば、尊厳を損なう行為となるとの指摘もある。

2012（平成24）年より、介護職員による痰の吸引や胃ろうの世話などの一部の医療行為が、一定の研修を受ければ実施できるようになった。利用者の尊厳を損なう行為が、身体拘束のように、他人から見ても明らかに利用者の尊厳を損なっていると見える行為から、一見すると必要な医療行為と見えるものに移ってきていることを知る必要がある。

職員が研修を受ければこれら一部の医療行為ができると安易に考えてしまうと、利用者の意向が十分に確認されないと利用者の尊厳を大きく損なうことになる。職員は、尊厳が損なわれるとはどのような状態なのか、そして常に社会環境の変化を正しく認識することが、福祉サービスのリスクマネジメントの視点から見た、コンプライアンスの取り組みとしては重要となる。

4 今のニーズに応えるコンプライアンスを理解する

同じルールでも、職場の会議で決めたルールは検討してから実施されるまでの時間が比較的短い。一方、法律の制定や関係省庁が作成する運営基準などのルールは、検討を始めてから実施されるまでに時間がかかる。特に法律の場合、国会審議をへて可決されてから施行されるので、相応の時間を要する。

コンプライアンスを、単に法や基準としてのルールを守ることと限定して捉えてしまうと、時間がかかってできた分、利用者の今のニーズに応えられない場合がある。「法は過去のニーズが形になったもの」と言われるゆえんである。社会福祉事業は、法や基準がないなか社会のニーズに応えようとした先達により始まった。2017（平成29）年度に厚生労働省により示された障害者と高齢者が同一の事業所でサービスを受けられる共生型サービスは、従来の縦割りの制度にとらわれずに現場主義で始まった取り組みが共感を呼び、制度化されたものである。私たちは、現場や社会で今何が必要とされているかを知ろうとしなければならない。現場をよく観察し、必要だが誰も気づいていないことを発見し、ルール化できるよう組織や行政に働きかける行動力もチームリーダーには求められる。

●図表6－8　顧客満足の捉え方

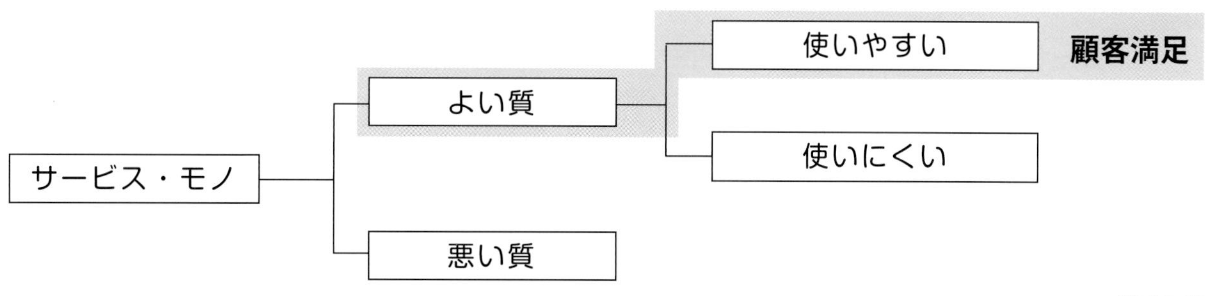

（著者作成）

事業継続の仕組みづくりの視点と方法を理解する

1 緊急時の判断基準を明確にする

どんなによい仕組みがあっても、想定外のことが発生し、あらかじめ定めた仕組みが役に立たないこともある。事故・過誤や苦情が発生した際には、組織のみならず、現場を守るチームリーダーも、緊急の判断を行わなければならない場面に直面する。判断基準が明確であると、迷うことなく速やかな行動がとれる。

◉**知っておくこと：**社会福祉事業には、極めて高い継続性が求められている。ここでいう継続性とは、利用者の生活を守り続けることである。これは、私たちが、事業継続の仕組みづくりを考えるうえでの判断基準となる。

◉**実践すること：**利用者の生活の継続性を第一に守るというメッセージは、管理職員から重点方針として示す必要がある。チームリーダーは、それを単に上司の指示として現場に伝えるのではなく、なぜ組織がそう考えるのかを、社会福祉事業の公益性などを根拠として、部下が納得できるように伝える責任がある。チームリーダーには、上司の指示の意図を理解するための、日頃の学習が必要になる。

2 緊急時の人員確保に向けて備える

◉**知っておくこと：**災害時には、職員はさまざまな理由で職場に来られないことがある。同様に、職場で事故等が発生したとき、周囲に必要な職員がいないことがある。誰かに連絡したくてもできないことがある。したがって、あらかじめ定められた避難計画や業務手順書に役割分担が決められていても、計画や手順どおりにいかないことのほうが多い。夜勤時などは、常にそのような状態である。緊急時の対応は、何かが不足した状態からスタートする場合が多いことを知っておく必要がある。

◉**実践すること：**あらかじめの備えとして、職員が、緊急時にすぐに出勤できるかどうか、確認しておく。災害時には、職員の家族に子どもや支援が必要な親がいると、すぐには出勤できないこともある。これらを常に把握し、事故や過誤が発生した際に、出勤できる人員の予測をつけるようにしておく必要がある。

3 緊急時の機器の利用に備える

◉**知っておくこと：**病院などの医療機関では、呼吸器や心電図などのさまざまな測定装置を日常的に使用し、緊急時にもさまざまな特別な機器を使用して対応を行う。このように医療機関には、数多くの機器が備わっているのに対し、福祉施設では、さまざまな測定機器があるわけではなく、緊急の対応が必要なときに使用する機器自体も、近年設置が進むAED（自動体外式除細動器）くらいで、それほど多くの特別な機器はない。日常的に使用している機器はすぐに使用できるが、日常的に使用しない機器は、いざというときにバッテリーが切れていて電源が入らないなど、すぐに使える状態ではないこともありうる。また、日頃使用していないと、使える状態で整備されていたとしても、使い方がわからずに使用できないということもある。

重要なことは、機器類が常に使用できるように整備され、確実に職員が使用できるように教育がされたうえに、必要な訓練が定期的に行われていることである。

◉**実践すること：**福祉現場で使用する機器は、医療現場などと違い、機器自体の管理はさほど困難ではない。スタッフがそれらを確実に使用できるように日頃から教育と訓練を行っておく（**図表6－9**参照）。

4 緊急時に備えてシステムを整備し、訓練する

◉**知っておくこと：**皆さんはこれまでに、利用者の急変等の緊急時、おろおろするだけで初動がとれなかった、という経験はないだろうか。緊急時を想定した訓練が十分に行われていないと、そのような状態に陥る危険性がある。組織での緊急時対応には、救命救急などの現場レベルでの緊急対応と、組織として行う家族や社会に対する対外的な対応の、ふたつの側面があることを忘れてはならない（**図表6－10**・**図表6－11**参照）。

緊急時の組織としての対応をシステムとして整備しておかないと、いくら現場で適切な対応を行っても、組織のその他の対応がうまくいかないという事態が生じる。緊急時に「おろおろする」のは、実は現場の職員以上に、日頃現場業務に直接かかわっていないリーダーや管理職員であったりする。

◉**実践すること：**組織としての対応を、システムとして整備しておく際に重要なことのひとつには、現場で生じた悪い情報を、すみやかに管理職員に伝えるということがある。企業の不祥事を見ても、悪い情報がトップに伝わらなかったことで、企業が社会的責任を問われた例がある。悪い情報はすみやかにトップに伝える。現場のリーダーの大きな役割のひとつである。それを組織のシステムとして、ルール化しておくことが求められる。

●図表6－9　AEDを例にした、適切な管理方法

- **どこにあるかを職員に周知しておくこと**
  AEDがどこにあるのかと、あわてて探し回った経験はないか
- **使用できる状態にしておくこと**
  AEDのバッテリーの電源が切れていたことはないか
- **使用できるように訓練しておくこと**
  AEDの使い方がわからず、焦ってしまったことはないか

（著者作成）

●図表6－10　まず教育、そして訓練（緊急時の初動への対応）

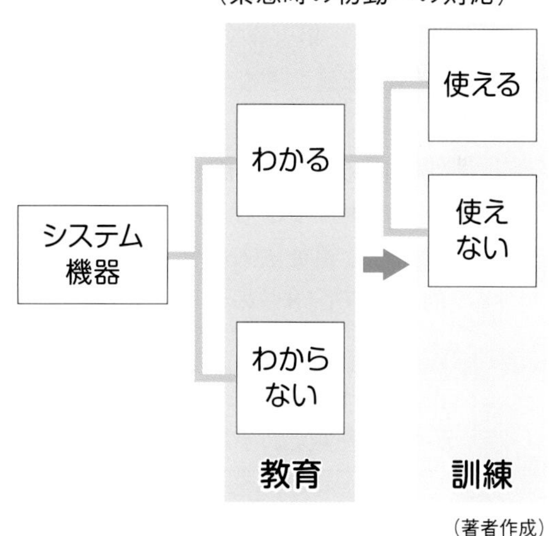

（著者作成）

●図表6－11　事故発生時の対応（ふたつの側面）

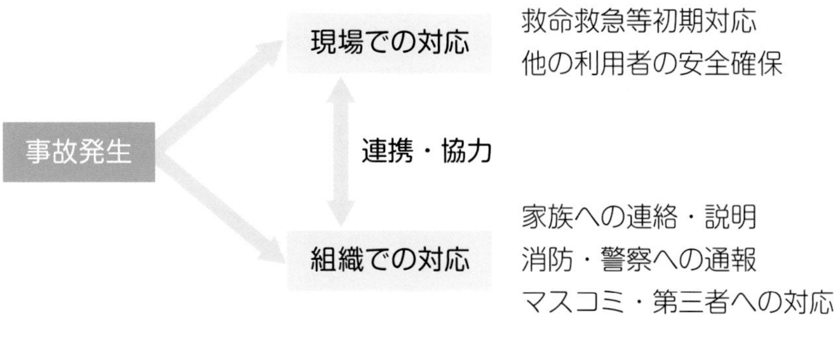

事故発生 → 現場での対応：救命救急等初期対応／他の利用者の安全確保

連携・協力

事故発生 → 組織での対応：家族への連絡・説明／消防・警察への通報／マスコミ・第三者への対応

（著者作成）

前巻までのポイント

リスクマネジメント

以下の内容は、福祉職員キャリアパス対応生涯研修課程テキスト〔初任者・中堅職員編〕の第6章をまとめたものです。

1 サービス提供中のリスクマネジメントが最優先となる【初任者編・第6章第1節】

- 「リスク」の定義は近年では、「目的に対する不確かさの影響」とされている。わが国の福祉分野ではある行動にともなって生じる損失や危険性という意味で用いられることが多い。
- 「リスクマネジメント」とは、これらの損失や危険性を予測し、損失が生じないようにするとともに、仮にそれらが発生しても、被害が最小限になるよう対処することをいう。
- 福祉サービスのリスクマネジメントは、福祉サービス提供中の事故や過誤の防止や被害の最小化に対し、最優先に取り組む。

2 福祉サービスのリスクマネジメントの根拠となる概念を知る【初任者・中堅職員編 第6章第1節】

- 社会福祉法
  ①第1条：「目的」利用者の保護・良質かつ適切なサービス提供
  ②第3条：「基本理念」個人の尊厳の保持・良質かつ適切なサービス提供
  ③第5条：「サービス提供の原則」利用者の意向の尊重・関連するサービスとの有機的な連携
- 厚生労働省 「福祉サービスにおける危機管理（リスクマネジメント）に関する取組指針」 2002（平成14）年（原文の一部を著者が改変）
  ①事故を起こさないようにするあまり極端に管理的になりすぎ、サービスの提供が事業者側の都合で行われるならば、福祉サービスの基本理念に逆行する
  ②「自由」か「安全」かという二者択一ではなく、福祉サービスでは事故を完全に未然防止するのは困難ととらえる
- 全国社会福祉法人経営者協議会 「社会福祉法人・福祉施設におけるリスクマネジメントの基本的な視点」 8つのポイント 2002（平成14）年作成、2016（平成28）年改訂

①一人の悩みから施設の工夫へ ②トップのリードで盛り上げる ③みんなをまとめる組織づくり ④マニュアルで「基本」を決める ⑤「危険に気づく」がキーワード ⑥起きてしまった事故は対策のカギ ⑦記録でわかる施設の姿勢 ⑧利用者の声は施設の宝 まとめ 理解しよう利用者の心と身体

3 福祉サービスの事故や苦情の発生状況を知る【初任者編・第6章第2・3節】

- 福祉サービス事業所では、どの種別でも、移動・歩行中の転倒事故が多い。
- 福祉サービス事業所では、どの種別でも、職員の接遇に関する苦情が多い。
- 苦情を含む利用者からの申し出は、「質問」「希望・要望」「請求」「責任追及」の4つのレベルがある。苦情は「請求」「責任追及」相当のものとなる。
- 質問や希望・要望レベルは多いほどよく、請求や責任追及レベルは少ないほうがよい。

4 サービス内容は、業務手順書と記録によって説明と証明ができる【初任者編・第6章第5節】

■家族にとって安心なサービスとは、事故などが発生した際に業務手順書や記録をもとに事実の説明が受けられること。

■職員にとって安心なサービスとは、職場に使いこなせる業務手順書が整備されており、記録が適切になされ、適切に保管されていること。

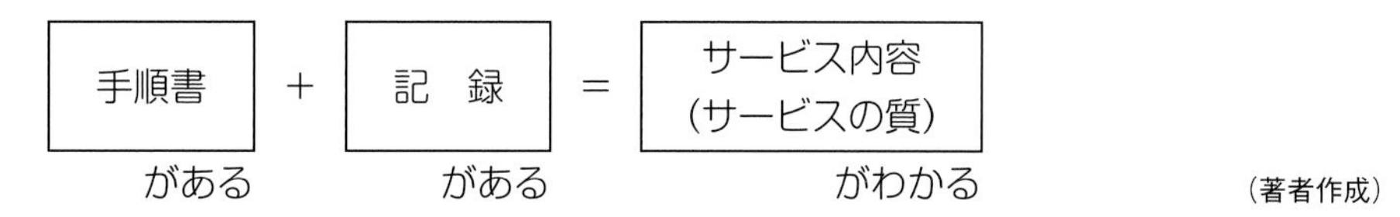

（著者作成）

5 事故や苦情発生時、短絡的に職員を責めてはならない【中堅職員編・第6章第2節】

■事故は確率の問題、かつさまざまな要因が重なって発生する

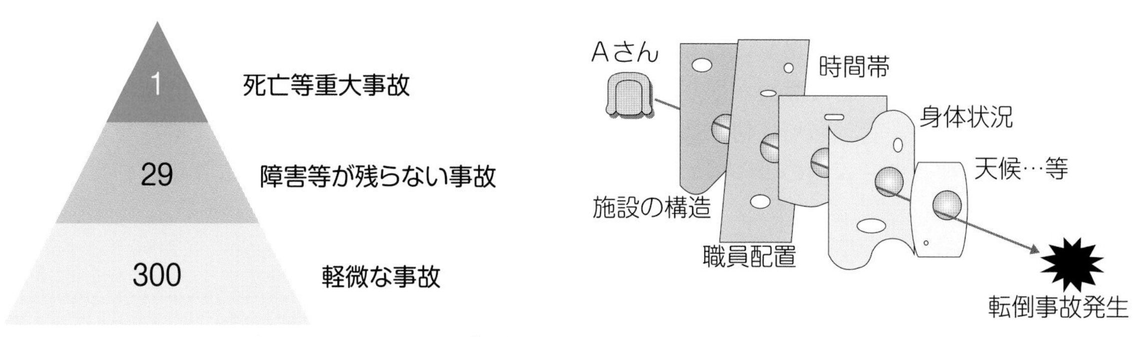

（上記2図表は宮田裕司編『社会福祉施設経営管理論2020』全国社会福祉協議会、2020年、192～193頁）

■事故発生時の対応

◇誠実な対応
- ・ウソは言わない
- ・事実を伝える

◇速やかな対応
- ・定められた手順やルールに則して対応する
- ・報告のルールを定めておく

6 画一化と標準化は違う【中堅職員編・第6章第3節】

■業務標準とは、サービスを提供する際に誰もが同様に行う基本的な手順のこと。業務マニュアルと表現されることもある。

■画一化とは全てを一緒にしようとする考え方で、標準化とは基本となる部分を一緒にするという考え方である。

■ケアプラン・個別支援計画など、利用者個々のサービス提供計画は、業務標準の上に成り立つものである。

7 福祉サービスのコンプライアンスを理解する【中堅職員編・第6章第4節】

■全ての福祉サービスは、社会福祉法がコンプライアンスの基本である。

■児童、障害、老人等各種別の法に記されたサービスの質に関する規定もコンプライアンスの基本となる。

■利用者のニーズを重視してサービス提供を行うことは、より重要なコンプライアンスの視点となる。

■コンプライアンスの視点は時代とともに変わる。

ティータイム

理解から行動へ

ユニットリーダーや小規模な法人・事業所の管理者など、部下を取りまとめる立場にいるチームリーダー層にとって、「理解する」ことのレベルは、日常の業務のなかでの理解から、高度な知識を必要とするものまで幅広い。

- チームリーダー層には、理解するだけでなく、理解したことに基づく行動が求められる。具体的には、職員に指示をすることなどである。第6章では、理解レベルの内容と、行動レベルの内容を考えてきた。
- 行動するうえで重要なことは、これまでに得た知識などをもとに、現場の状況を俯瞰的に把握し、具体的な指示を出すことである。
- そのためには、管理職層が取り組んでいるマネジメント業務に対し、現場では何をしなくてはならないか、管理職層に何を情報としてあげなくてはならないかを認識することが必要だ。
- あわせて、チーム内のコミュニケーションエラーが発生しないような取り組みをしなくてはならない。

チェックリストによるリスクコミュニケーションの例

- 医療の現場の例を見てみよう。安全な手術を実施するためには、手術に携わる医療スタッフ間の円滑なコミュニケーションが必要である。以下のチェックリストは世界保健機関（WHO）で作成され、2012年に新潟県立六日町病院がアレンジし、使用していたものである。

年　月　日　科　患者名：

手術安全チェックリスト

医療安全全国共同行動（世界保健機関に準拠）

麻酔導入前・・・・・・・・・・・・→

（少なくとも看護師と麻酔科医で）

患者のID、部位、手術法と同意の確認は？

□ はい

部位のマーキングは？

□ はい
□ 適応ではない

麻酔器と薬剤のチェックはすんでいる？

□ はい

パルスオキシメーターは患者に装着され、作動している？

□ はい

患者には:

アレルギーは？
□ ない
□ ある

気道確保が困難／誤嚥のリスクは？
□ ない
□ ある、器材/応援・助手の準備がある

500mL以上の出血のリスクは（小児では7mL/kg）？
□ ない
□ ある、2本以上の静脈路/中心静脈と輸液計画

皮膚切開前・・・・・・・・・・・・→

（看護師、麻酔科医と外科医で）

□ 全てのチームメンバーが名前と役割を自己紹介したことを確認する

□ 患者の名前、手術法と皮膚切開が何処に加えられるかを確認する。

抗菌薬予防投与は直前の 60 分以内に行われたか？
□ はい
□ 適応ではない

予想される極めて重要なイベント

術者に：
□ 極めて重要あるいはいつもと違う手順は何ですか？
□ 手術時間は？　（　時間　分）
□ 予想される出血量？　（　mL）

麻酔科医に：
□ 患者に特有な問題点？

看護チームに：
□ 滅菌(インジケータ結果を含む)は確認したか？
□ 器材問題あるいはなにか気になっていることはあるか？

必要な画像は展示されているか？
□ はい
□ 適応ではない

患者退室前

（看護師、麻酔科医と外科医で）

看護師が口頭で確認する：

□ 手術式名

□ 器具、ガーゼ(スポンジ)と針のカウントの完了

□ 標本ラベル付け(患者名を含め標本ラベルを声に出して読む)

□ 対処すべき器材問題があるか

術者、麻酔科医と看護師に；
□ この患者の回復と管理についての主な問題はなにか？

SAS	実測値	点数
出血量	約　mL	0，1，2，3
最低平均血圧	mmHg	0，1，2，3
最低心拍数	/分	0，1，2，3，4
	合計	点

記載者：　ASA−PS：1 2 3 4 5 6　創分類（SWC）：1 2 3 4　2012年1月30日改訂

- このようなチェックリストによるコミュニケーションは、さまざまな場面で活用されている。例えば、航空機の運航では、機長と副操縦士などが出発前に実施している。

第7章

チームアプローチと多職種連携・地域協働

チームアプローチと多職種連携・地域協働の推進

目標

◉これまで、職場だけでなく、地域における多職種連携・協働が重要なテーマであることを学んできた。そして、第7章は、法人・事業所のリーダーとして、チームアプローチを推進する役割を果たすための実践的な内容の章であることを理解してほしい。チームを形成し、それを運営していくことはたやすいことではない。チーム運営の良し悪しを決めるのはチームリーダーそのものであり、チームリーダーはまさにチームの要である。そうしたことを自覚し、しっかり学んでほしい。

◉チームリーダーには、地域においても、地域福祉の推進役としての役割が期待されてくる。法人・事業所の役割を認識し、自組織や他の機関の職員を巻き込みながら、地域におけるネットワークをいかにつくるかなど、実践的に学ぶ必要がある。地域における連携・協働の目的も、利用者中心の支援を行うためのものである。地域をベースとした多職種・多機関の連携・協働を進めるため、チームリーダーはより広い視野をもつよう心がけよう。

構成

1 チームアプローチを推進するためのチームリーダーの役割

1 チームリーダーの果たす役割を理解する

福祉サービスがチームによって推進されること、チームの構成メンバーである複数の職員や専門職との連携・協働が重要であることは明らかであるが、その際、チームリーダーの果たす役割がチーム全体に与える影響は大きい。

チームリーダーは、チームのメンバーのひとりとしての役割に終始するのではなく、チームの形成段階に応じて、チームアプローチを推進する役割を果たすことが求められる。

図表7－1は、チームアプローチを促進する要因と阻害する要因とを列挙したものである。チームリーダーはこうしたチームアプローチを促進する要因を強化し、また、阻害する要因を除去し、活動を促進する方向にチームを導かなければならない。

2 チームを動かす力を理解する

チームアプローチは、共通の目標を達成するために多職種が連携・協働するもので、チームを構成するメンバーが、それぞれのもっている能力を最大限に発揮することが求められる。そのために、チームリーダーは次のことに留意する必要がある。

職場内あるいは職場外のいずれにおいても、チームリーダーは、業務に対する積極的な姿勢、チームの使命と目標を達成する強い意志と実行力、メンバーを信頼する力と態度、そして高い倫理観をもっていなくてはならない。

チームの使命と目標を達成する強い意志と実行力は「チームを動かす力」と言い換えることができる。このチームを動かす力の背後には、対人援助の基本となる力があり、そしてそれを基盤として多職種が協働する力が求められる（**図表7－2参照**）。チームを動かす力は、「チームを形成する力」「チームを方向づけ促進する力」の2つの力により構成される。

3 チームを形成する力を身につける

課題や問題が発生したときに、所属する組織のメンバーだけではその解決が図れない場合、他の組織のメンバーにその補充を要請することになる。その際、チームリーダーは、チームを形成する目的を説明するとともに、メンバーと目標を共有し、チームのメンバーが責務を果たし、また、協力して取り組むことのできるよう方向づける必要がある。目的とはチームが目指すべき事柄であり、目標とはチームが目指す具体的な姿や到達点のことである。こうした目的と目標の確認・共有がなされなければチームは機能しない。そのうえで、日常の情報の共有などについてルールをつくり、目標到達までのスケジュールを作成する。

4 チームの方向づけを促進する力を身につける

チームの方向づけを促進する力とは、チーム内における相互作用を促進し、活動を活性化させる力のことをいう。そのスキルとしては、メンバーを支持・教育・管理するスーパービジョンのスキル、メンバー間の相互作用を促進する場（カンファレンス等）をつくり運営するスキル、メンバーの意見や関係を調整するスキル、日常業務遂行において判断するスキルなどがある。

●図表7－1　チームアプローチを促進する要因と阻害する要因

領域	促進する要因	阻害する要因
専門職	十分なコミュニケーション能力	コミュニケーション能力の欠如
	十分な知識・技術	不十分な知識・技術
	豊富な経験・実績	経験・実績の不足
	積極的な意識と態度、事前の十分な準備	消極的な意識と態度、事前準備の不足
チーム	目的・目標が共有化されている	目的・目標が共有化されていない
	援助方針・計画が合意され、共有化されている	援助方針・計画が不一致、あるいは共有化されていない
	役割・責任の明確な分担	役割・責任のあいまいさと不明確な分担
	日常の情報の共有	日常の情報共有の欠如
	互いの専門性への理解と尊重	互いの専門性への無理解と軽視
	相互援助	他のメンバーへの無関心
	対等な力関係	不均衡な力関係
	カンファレンスなど情報交換・共有・討議の場の存在	カンファレンスなど情報交換・共有・討議の場の欠如
組織	協働をうながす職場の理念・方針	協働をうながす職場の理念・方針の欠如
	協働に係る業務の明確化と組織的分担	協働に係る業務の不明確さと個人的請け負い
	管理者の協働に対する理解・支援	管理者の協働に対する無理解・障害
	変化を許容する柔軟な組織・管理体制	変化を拒む硬直的な組織・管理体制
	協働作業に対する時間・費用・労力の拠出	協働作業に対する時間・費用・労力の拠出拒否
	チームリーダーの判断	チームリーダーの優柔不断
	チームリーダーの積極性	チームリーダーの消極性

（著者作成）

●図表7－2　チームを動かす力

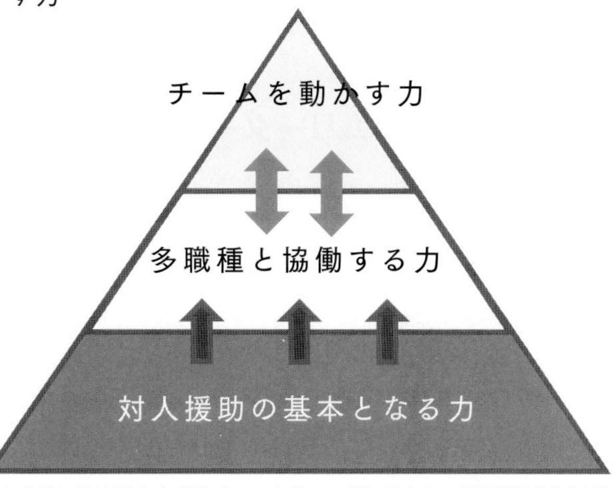

（大塚眞理子「第2章　IPWの仕組みと実践」埼玉県立大学編『IPWを学ぶ―利用者中心の保健医療福祉連携―』中央法規出版、2009年、41頁）

多職種連携・協働を推進するために職員間の関係調整の方法を学ぶ

1 コーディネーションの意義を理解する

職場のチームリーダーは、コーディネーション（coordination）を担う役割をもつ。コーディネーションとは「各部を調整し、全体をまとめる」といった意味である。チームリーダーには、職場の中で「連携」と「協働」を進める役割からコーディネーションのスキルが不可欠である。対人援助におけるコーディネーションは、「利用者への最善の支援に向けて各職員の合意に基づく連携を築く」ために重要となる。

2 コーディネーターの役割を理解する

コーディネーションを行うコーディネーターの役割は以下のとおりである。

■チームの方針を立てる
■方針にそって、チームのメンバーが適切に対応しているかチェックする
■チーム内のメンバーとコミュニケーションをしっかりと行い、思いを共有する
■チーム外のスタッフとの調整を行う
■利用者からあげられた苦情をチーム内にフィードバックする
■利用者情報を整理し、数値的情報等をまとめ、チームにおける検討および報告を行う
■必要に応じてチームを代表する

このような役割があるが、コーディネーションが機能しないチームにおいては、①スタッフメンバーがチームに貢献しなくなる、②メンバーの誰が決定する人なのかわからなくなる、③チームメンバーの各自の役割が明確でなく、それぞれ自己流で活動してしまう、④チームの方針を維持できない、⑤苦情に対するルートや責任が不明確となるなどが考えられる。

チームの関係がうまく機能しない場合、チーム内の人間関係の悪さやメンバーのチームに対する認識の低さに原因を求め、それに介入しようとする傾向がある。しかし、その前に、あらためてチームの仕組みを点検することが大切である。チームの仕組みの点検は、①チーム内で目標が共有されているか、②メンバーの役割分担は適切になされているか、③手順は明確であるかなどである。

3 チームの形成段階に応じてチームリーダーに求められるスキルを理解する

以下に、チームの形成段階と、それに応じてチームリーダーに求められるスキルを示す。

◉**形成期（Forming）**：集団が形成される「形成期」は、参加したメンバーそれぞれが、チームの目的は何なのか、自分の仕事は何なのか、また役割の範囲はどこまでか、他のメンバーは何者で何をする（できる）のか等の疑問をもっている。このため、メンバー紹介や、チームの目的・課題の説明、確認などによって、それぞれの役割が明確化される。

この時期、メンバーはチームリーダーに依存することが多く、メンバーの振る舞いはまだよそよそしく、個々に行動する。チームリーダーは、チームメンバーが、チームの目的や行動規範な

どを理解できるよう支援し、チームの目標を達成するための「課題」を明らかにする必要がある。

◉**激動期（Storming）**：チームでの活動が開始されるが、チームメンバーの行動はまだ協力的でなく、互いが未知であるために緊張関係にあり、それぞれ腹の探り合いをしながら、時に衝突も生まれる時期である。

この時期の衝突や対立、いわゆる葛藤状態の発生は、多様な専門職がいる場合、価値観や考え方の違いから当然起こるものとして理解したい。こうした状態はあってはならないものではなく、むしろこのような衝突や対立状態を利用して、互いの専門性や考え方を理解する学習の機会としたい。

チームリーダーは、メンバーそれぞれの意見を聞き、合意形成が可能な点を見出したり、合意が困難となっている点を話し合い、合意できる点はどのようなことかを粘り強く探ることになる。

チームリーダーは、チームにおける意思決定のプロセスを大切にしながら、チーム運営が円滑に進むよう、チームメンバー内での合意の再確認や再形成を進めていく。そうした合意形成の場として、あるいはチーム内での課題や問題点を率直に話せる場として、カンファレンス等を活用することができる。話し合いを円滑に進めながら、チーム内にあるさまざまな葛藤についての解決方法を見出せるように、チームメンバーを支援していくことになる。

チームリーダーは、衝突（コンフリクト）の出現を注意深く見守り、チームが創造性を発揮してコンフリクトを共同で解決していくよう手助けをする。相手の人格を否定するような言動は避けなければならないが、お互いに言いたいことも言えないようなチームでは、難易度の高い課題をクリアすることは困難となる。

◉**規範形成期（Norming）**：チームメンバーが一緒に作業をはじめ、チームのために自らの考えや行動を調整しはじめ、お互い信頼しはじめる時期である。チームとしての行動規範や役割分担が形成される時期でもあり、メンバーが互いの考え方を受容し、関係性が安定する状態となる。

話し合いの過程を通じ、互いの人となり、考え方や価値観を掌握するようになってくると、しだいに衝突や対立も少なくなってくる。

この時期、チームとしての成果が出はじめ、チームリーダーは、チーム状況や業務遂行状況を評価し、チームメンバーへのフィードバックを行い、チームメンバーの育成、動機づけを図ることになる。なお、この時期、チームリーダーからの押しつけはせず、メンバーと共同で課題解決方法を見出す合意形成を大切にし、チームとしての目標達成意欲を喚起することがポイントとなる。

◉**実現期（Performing）**：チームとして機能し、成果が形づくられる時期で、チームに一体感が生まれチームの力が目標達成に向かう状態をいう。この時期、互いの信頼関係が強化され、チームはひとつの組織として運営されるようになる。メンバーは、チームとして協調して仕事ができるようになる。この段階では、互いが相互依存関係を保ち、課題を円滑かつ効果的に、自律的に対処でき、チームは継続的にプロセス改善を図り、非常に高いレベルの業務を遂行できる。

チームリーダーは、チームが自律的に目標を達成し、チームメンバーが成長するよう支援する。

これまでのプロセスをへて、チームは一丸となって、目標達成に邁進するが、それでも、刻一刻と変化する状況に合わせて、メンバーは柔軟に役割を変化・適応させなくてはならない。チームリーダーはメンバーを適切に評価し、対等な会話のなかからチームの課題を整理する等の支援を行うことになる。

多職種連携・協働チームづくりのためのカンファレンス

1 カンファレンスの意義を理解する

多職種が連携・協働するチームは専門職を配置するだけでは成り立たない。チームは育てるものであり、また維持するもので、その効果的なツールのひとつがカンファレンスである。カンファレンスとは、支援の過程で多職種が参加し、利用者に関わる情報交換や、アセスメント、ケア計画などの検討・共有を行い、方向性や具体的な支援内容を見出す場のことである。

多職種連携・協働は、互いの異なった価値観や専門性に基づいて、さまざまな考え方や視点から問題や課題を解決することに意義がある。異なる専門性を有する職種が席を同じくし、利用者を中心に議論すると、専門職間で意見や考え方の相違、葛藤が生まれることになる。その結果、互いの専門性やそれぞれの強み・弱み、そして限界を確認することができる。そこで引き起こされる相乗効果により、アセスメントや支援計画が修正されるのである。

カンファレンスは、利用者の生活課題・目標・支援計画を共有し、メンバーの役割分担を決定し、さらに、利用者に関する共通理解をうながすものである。さまざまな専門職が多面的に意見交換を行うカンファレンスで合意された支援方針は、各専門職の意見を統合した包括的なものとなる。

また、参加者がカンファレンスによって実践を追体験し、話し合いにも参加することは、支援の価値や原則について学ぶことにつながり、専門職を教育する効果もある。

さらに、カンファレンスへの参加を通じ、互いに顔を知り、誰が何をする人なのかが明確になることで、その後のチームアプローチがスムーズにいくほか、参加者間の相乗効果により、協働の意欲が生まれるなどチームづくりにもつながる。

2 カンファレンスに必要な準備について理解する

カンファレンスの準備は、十分余裕をもって行う必要がある。基本的には、以下のような準備を行う。その際、事例に係る本人や家族等のプライバシーの保護・管理に十分留意しなければならない。本人や家族の承諾はもちろん、提供事例の本文中の個人情報等への配慮が求められる。

◉**開催案内：**原則、文書で通知する。通知には、開催日時、会場、事例提供者および報告事例のタイトルを記載する。タイトルの他、討議テーマを記載すると参加者への動機づけになる。

◉**事例提供者への依頼：**事例提供者は、日常業務をこなしながら事例作成等の準備を行うので日程的な余裕をもって依頼する。依頼にあたっては、事例のまとめ方、カンファレンス当日の進め方（発表時間等）などを伝える。

事例提供者の経験が浅い場合には、実際にまとめ方を指導したり、提出された事例の加筆・修正を依頼することもある。なお、検討事例に係る本人や家族の承諾を得ることが原則であることから、事例提供者が事前に了解を得ておくように伝える。

◉**会場の確保と準備：**会場は参加者数に応じて確保するが、グループの力動を活用するため、互いの顔を確認できるよう、ロの字に座れる広さを確保する。

◉**助言者（スーパーバイザー）の依頼と打ち合わせ**：職場内のケースカンファレンスでは、チームリーダーがスーパーバイザーを兼ねることもある。一方、カンファレンスの効果を高めるために、助言者（スーパーバイザー）を依頼する場合には、カンファレンスの趣旨、助言者への依頼事項、当日の進め方等を伝える。

カンファレンス前に司会者と助言者の打ち合わせを行い、進め方を確認する。その際、事例提供者を加えて、波長合わせを含めた打ち合わせを行うことも効果的である。

◉**資料の準備**：事例提供者と調整・相談のうえ、カンファレンス前までに印刷しておく。事前に参加者に配布することもあれば、個人情報保護の観点からカンファレンスの場で配布することもある。なお、事前に助言者に事例を送付する場合には、直接持参するか、郵送により確実に本人に届くようにする。

配布した資料は、助言者も含めカンファレンス終了後回収することが原則である。

3 カンファレンスの運営の留意点について理解する

カンファレンスにおいては、チームリーダーが司会となる場合も多いだろう。図表7－3は、チームリーダーとしての役割と話し合いの進め方の技法をまとめたものである。

このほかに、事例提供者へのフォローアップが大切となる。事前準備を含め事例提供者には大きな負担がかかるものであり、個別にねぎらいの言葉をかけるなど、精神的なサポートが大切である。また、事例提供者が十分に消化できていないと感じたときには、カンファレンス後に時間をとって話をすることも必要だ。

●図表7－3　チームリーダーとしての役割と話し合いの進め方の技法

- 共同作業をやっていくのだという自覚と一体感をもてるよう、肯定的な雰囲気づくりを行う
- 会議の冒頭で共通目標を確認できるようにする
- 話し合う議題や内容について、文書情報を提供できるよう準備しておく
- 話し合いの結果を記録するよう準備しておく
- できるだけ参加メンバーの多くが発言できるようにうながし、話し合いを活性化させる
- 意見相違・対立・葛藤を避けず、オープンに話し合う
- 意見の相違や不満感等は言語化されるとは限らないので、非言語的表現に注意して言語化をうながす
- 中立的な立場で話を聞く
- 対立を回避するために必ずしも利用者（家族）の利益を高めることにならない結論が出される恐れがあるときは、利用者（家族）の代弁者の役割をとる
- 多様な選択肢のメリット・デメリットを整理しつつ、話し合われた内容を整理し合意を形成する
- 話し合いのなかで、メンバーが誤解や間違いに気づかない場合には、話し合いのなかで間違いを指摘するのではなく、どう行動すべきかについて、個人的に穏やかに話し合う
- 話し合いがうまくいかない場合でも、それをメンバー個人の問題としないでシステムの問題として捉えるようにうながす
- 合意形成にあたって、特定の誰かが勝者・敗者という状況をつくり出さないように、整理していく
- 合意した内容や決定事項を確認する

（著者作成）

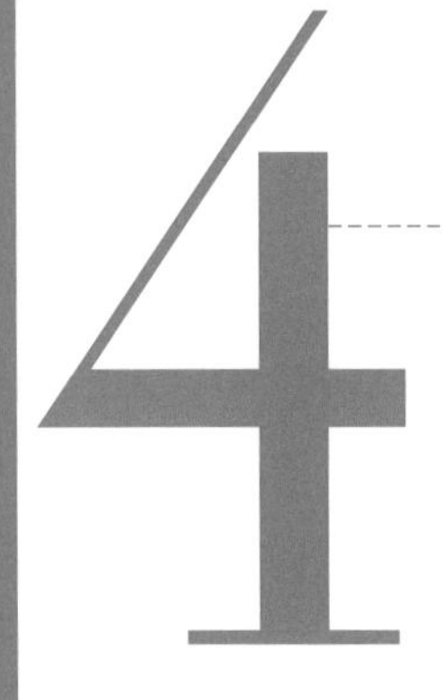

ソーシャルサポート・ネットワークの一翼を担う

1 ソーシャルサポート・ネットワークについて理解する

ソーシャルサポート・ネットワークとは、ニーズを抱える利用者に対して、フォーマルおよびインフォーマルの関係者が連携・協働して支援を提供するネットワークのことである。

ネットワークの構成は、福祉や保健の行政機関、福祉関係の法人・事業所、民生委員・児童委員(協議会)、自治会・町内会などのフォーマルな団体・個人のほか、家族・親族、友人、隣人、ボランティア（団体)、当事者組織、市民活動団体などインフォーマルな団体・個人も含まれる。ネットワークは、自治会・町内会の圏域から、学区・校区の圏域、市区町村の支所の圏域、市区町村域など、重層的な構造になっている。

ネットワークには、連絡・調整のためのネットワークのほか、個別の課題を解決するためのネットワーク、制度や政策の改善につなぐためのネットワーク、ニーズ発見のためのネットワーク、見守りのネットワークなどがある。

ネットワークの構築により、①情報が収集でき、利用者への情報提供が可能になる、②複雑・多様なニーズに対しても多機関による対応が可能となる、③制度や政策の実施状況を把握し、改善に向けた提案・提言活動（ソーシャルアクション）を起こすことが可能となる、④ニーズの早期発見により早期対応が可能となる、⑤現在は支援が必要ではない人に対しても状況の変化に応じて早期の対応などが可能になる。

法人・事業所においては、さまざまなネットワークに参画することになるが、いずれにしても法人・事業所の有する専門性を生かしていくこととなる。

2 小地域ネットワーク活動と連携する

小地域ネットワーク活動とは、住民による地域福祉活動のひとつの活動形態に位置づけられるもので、自治会・町内会あるいは学区・校区といった小地域を単位として、要援護者一人ひとりを対象とした見守り・支援活動を行うものである。

地域では要援護者に対して、近隣に住む知人・友人などが日常の助け合いとして声かけや簡単な生活支援などを行っている場合がある。そうした助け合いはバラバラに行われることも多く、役割分担や相互の連絡がなされていないため、緊急時の迅速かつ適切な対応が困難になっている。

小地域ネットワーク活動は住民一人ひとりの善意をつなぎ、互いに連携し合いながら要援護者を支援する仕組みであり、この活動には、広く住民の参加を得ながら、地区社会福祉協議会（社協）等の役員、自治会・町内会役員、民生委員・児童委員（以下＝民生委員）が調整役となって進められ、さらに、必要に応じて専門家が参加し運営されるものである。

小地域ネットワーク活動の機能は、日常的な見守り支援と、それにより把握されたニーズに応じた生活支援がある。ただその活動は、単に、見守る、生活支援を行うというだけではなく、地域社会における人間関係の構築（「顔見知り」になること）を基盤として行われるものであり、さまざまな形態がある。

3 小地域ネットワーク活動の機能と仕組み

◉**見守り**：最も重要な、代表的な機能である。要援護者の状況により、月に1～2回の場合もあれば、24時間体制をとる場合もある。要援護者やその家族が地域社会から孤立するのを防ぎ、同じ地域社会の一員として支えていく。

◉**関係づくり**：地域の要援護者に、いきなり福祉サービスを提供することは困難である場合も多い。そこで、要援護者との関係づくりを行っておく。

◉**保健・福祉・医療などの情報提供**：文書やチラシなどの宣伝物、口頭やビデオを通じて、また実地見学や体験入所などで情報を提供する。

◉**簡易なサービスの提供**：郵便物の投函、代筆、買い物、散歩の付き添い、薬とり、留守番などを行う。

◉**制度・サービスの活用促進**：活用できる制度やサービスを積極的に紹介し、活用を促進する。

◉**関係機関との連携**：要援護者がデイサービスやショートステイの利用者、あるいはホームヘルパー派遣世帯などの場合は、これら専門機関や病院などと連携する。

◉**社会参加の促進**：心身機能の障害のため、コミュニケーションをとりにくくなった要援護者の社会参加をいろいろな形で促進する。

◉**早期発見**：問題を早期に発見し、その進行や容態の悪化をくい止める。

◉**緊急時の通報**：緊急時に、あらかじめ決められた連絡先に通報する。

◉**問題提起**：対応する制度やサービスがなかったり、不足していたり、利用上の改善が必要な場合には、個別ケースを通した具体的、現実的な提起をする。

◉**ニーズ把握、相談**：地域住民のニーズを把握し、簡易な相談に応じる。

◉**福祉のまちづくりの推進**：住民自身が福祉課題を理解し、活動参加への熱意と行動力をもつきっかけになる。

小地域ネットワーク活動が、その機能を十分に発揮するうえでの仕組みづくりが重要となる。例えば、「日常的な見守り支援システム」と「ニーズに応じた生活支援システム」である。「日常的な見守り支援システム」とは、あらかじめ見守りが必要な人を選び、その要援護者を中心に近隣でチームをつくり、日頃から見守りを行い、生活や健康上の変化や気づいたことがあれば連絡を行い、ニーズの早期発見を図るものである。例えば、ひとり暮らし高齢者で元気に過ごしていても、ちょっとしたきっかけで健康を害し、要介護・要支援の状態になる可能性があるわけで、これに早期に対応していこうとするものである。

「ニーズに応じた生活支援システム」とは、あらかじめ支援が必要な人を調査・選定し、チームをつくったうえで、ゴミ出しや電球の取り替え、買い物の手伝いといった生活支援や、外出支援、友愛訪問など日常的で比較的軽微なサービスや支援、さらには、緊急時対応を行うものである。必要に応じて、専門職と協力して支援を行うこととなる。

小地域ネットワーク活動は、住民ベースの取り組みということで、住民だけによる助け合い活動と理解する向きもあるが、まず、ネットワークづくりの推進役、あるいは日常的なネットワークの取りまとめ役・調整役が必要で、民生委員や福祉委員、自治会役員、地区社協役員などのキーパーソンの存在が重要となる。また、小地域ネットワーク活動が盛んな地域では、日常生活上の軽微なトラブルについてはそのほとんどを小地域ネットワーク活動で解決できている場合があるが、それも個々のネットワーク活動をバックアップする地区（校区）社協の役割が大きい。さらに住民だけでは担いきれない課題については、専門職につなげることが必要になる。また、活動が行き詰まった場合や、支援に困難がともなう場合などにも、専門職の参加による助言が必要となる。

地域に必要な社会資源を開発する

1 必要な社会資源を創出する役割を担う

法人・事業所が社会資源の一部であることから、法人・事業所が地域福祉に対して取り組む課題にふれてきたが、地域のなかで新たな社会資源が必要という段階では、地域のなかの協働の枠組みで社会資源をいかに創出するかが求められる。福祉サービスを担う法人・事業所の使命として、社会資源をいかに開発するか、段階を追いながら、手順を学ぼう。

2 日々のサービス活動のなかからニーズを把握する

社会資源の開発も、まずはニーズの把握から始まる。

どのような社会資源が必要であるかを把握するために、地域全体を対象としたニーズ調査を行う手法ももちろんあるが、法人・事業所の場合、個別の利用者に対するサービス活動のなかからニーズが見えてくる場合が多いだろう。

例えば、ひとり暮らしの高齢者宅を訪れたホームヘルパーから、「利用者のＡさんは移動手段がなく生活に不便を感じているようだ」という報告を受けたり、あるいは、相談に来所した乳児連れのお母さんから、「子育てのため日中まったく自分の時間がない」という悩みを打ち明けられたときなどなど……。そうした声をただ聞き置くだけで終わらせるのではなく、法人・事業所として真摯に受け止め、対策に結びつけることが求められる。

3 活動主体を組織化する

それらの声に全て法人・事業所だけで応える必要はない。個別のニーズを一般化した形で、法人・事業所内外の関係者に対し、各種の会合、カンファレンスなどの場で紹介・提示し、他機関で対応できればそこにまかせ、そうでない場合は、課題を共有し、活動主体を組織化する。組織化にあたっては、目的の確認と目標の一致といったチームづくりの基本が必要となる。

4 地域の問題状況を把握する

あらためて、同じような問題がないか関係者と協力して地域の状況を把握することも考えられる。この場合も、社会調査によるものばかりではなく、関係者との話し合いや地域住民との懇談会を開催するなどして、地域全体の問題状況の把握、いわゆる地域診断を行うことになる。

5 対策を検討する

問題や課題が把握できたら、それらの解決のための対策を関係者が集まり検討する。当事者も交えながら、関係者間で議論を行い、いくつか列挙された解決策を比較検討し、費用や人的・物的負担等を含む現実的な可能性を考慮し決定する。

選ばれた解決策をどのように実行していくか計画を立案する。その際、関係者間でそれぞれの役割と責任を明確にしておくことが必要となる。また、制度外のサービスを実施する場合には、その担い手として幅広く民間団体や市民に呼びかけ、役割を分担することも必要であろう。必要であれば行政の関与を依頼する。

6 活動プログラムを実行する

決められた計画やプログラムを実行する。一方で、突発的にニーズが変化することもあるので、状況に応じて柔軟に対応することが求められる。

7 成果や問題点等を検証する

問題解決に関わった関係者によるフィードバックを行い、その結果や成果、問題点等を検証する。

継続的、安定的に活動プログラムを実施する必要がある場合、行政に対する施策化・予算化などソーシャルアクションを行うことも考えられる。これらの一つひとつの積み重ねが、地域に必要な社会資源の開発につながっていくのである。

●図表7－4　新たな社会資源開発の手順

段　階	手順	内　　　　容
1.活動主体の組織化	1	・取り上げる問題に関連する機関や人々を活動に組み入れる
2.問題把握	2	・地域特性の把握 ・福祉水準、問題、および社会資源についての基礎的把握
	3	・社会的協動により解決を図るための問題の明確化とその実態の把握
	4	・問題を周知し、解決活動への動機づけを行う
3.計画策定	5	・解決活動に動機づけられた問題をより明確にし、優先すべき課題を順序づけ推進課題の決定を行う
	6	・推進課題実現のための長期・短期の具体的達成目標の設定
	7	・具体的実現計画の策定
4.計画実施	8	・計画の実施促進 住民参加の促進 機関・団体の協力の促進 社会資源の動員・連携・醸成 社会行動(ソーシャルアクション)
5.評価	9	・計画の達成度、および組織化活動についての評価

（永田幹夫『地域福祉論』全国社会福祉協議会、2003年、193頁）

前巻までのポイント

チームアプローチと多職種連携·地域協働

以下の内容は、『福祉職員キャリアパス対応生涯研修課程テキスト』〔初任者・中堅職員編〕の第7章をまとめたものです。

1 チームとは【初任者編・第7章第1節】

課題を達成するために、共通の目的・目標をもった複数の人の集まりのこと。大小さまざまであり、法人・事業所や職場全体をチームとして見ることも、同一フロアで働くケアワーカー同士をチームとして見ることもできる。

2 チームアプローチの必要性【初任者編・第7章第1節】

福祉サービスは、利用者の生活を包括的に捉え、各専門職が専門性や経験を生かし、利用者の生活を支援するものである。各専門職が連携・協働することで、より適切な福祉サービスにつながっていく。

3 チームアプローチの効果【初任者編・第7章第1節】

- 同一内容・水準のサービスを可能とする
- 一貫性のある継続的なサービスを可能とする
- 多職種間で幅広い知識・技術、経験の共有ができる
- 総合的な視点からのアセスメント、目標設定、優先順位の決定、介入、評価ができる
- チームで努力することによりケアの質の向上を図ることができる
- カンファレンスなどを通じた、学習の機会の創出とメンバーの技術の向上につながる
- 記録の一体化などによる、事務作業等の効率化を図ることができる

4 伝え方のポイント【初任者編・第7章第3節】

- 目的を明確に、内容を吟味して話す
- 結論を先に、次に経過や意見を順序立てて話す
- 事実とそれ以外のものを区別する
- 発音とスピードに注意し、センテンスを短くする
- あいまいな言葉づかいや主語の省略は避ける
- 専門用語を駆使せず、相手の理解度に合わせて話す
- 確認しながら話す
- 重要なポイントは繰り返すなど強調する

5 聞き方のポイント【初任者編・第7章第3節】

- 話を聞きながらうなずく、あいづちを打つ
- 枝葉末節にとらわれず話の全体を理解する
- 途中で口を挟まず最後まで聞く

■復唱したり、確認したりしながら聞く
■メモを取る
■質問は最後にまとめてする

6 多職種連携・協働の心構え【中堅職員編・第7章第1節】

■ひとりで背負いこまない
■共通の目標をもつ（利用者中心）
■他のメンバーに敬意をはらう
■周りから学ぶ姿勢をもつ
■専門職として自分を磨く
■十分なコミュニケーションをとる
■信頼関係を築き、互いに支え合い、育て合う

7 対立や葛藤の原因【中堅職員編・第7章第3節】

■情報把握方法の違いによる情報の違い
■情報共有あるいは伝達ミスによる情報の不足
■情報のゆがみや不足による事実の取り違え
■相手に対する期待のズレ
■専門職（チーム）間の縄張り争い
■専門職（チーム）間の価値観の違い
■専門性の違いによる目標設定や方針の違い
■部署あるいは職種の利益（負担）に関わる対立
■派閥意識による対立

8 対立や葛藤解決のプロセス【中堅職員編・第7章第3節】

何について対立や葛藤が生じているのか
（事実の確認）

どうして対立や葛藤が生じているのか
（原因の把握）

対立や葛藤の解消に向けた取り組み
・メンバー（チーム）間の話し合いによる争点の明確化
・解決策についての話し合い

（著者作成）

ティータイム

橋渡し

チームリーダーは、自らが実践できるスキルをもつと同時に職場の部下や後輩職員を取りまとめ、さらには職場全体で意識を合わせて業務を推進する役割を担っている。そのためには、理念の部分と具体的な実践スキルをバランスよく学ぶことが大切である。また、職場内の問題解決や後進の指導という役割もある。それらを効率よく整理し、計画的に自分の役割を担える力をつけてほしい。

橋渡し ………………………………………… 横断的な制度運用

➡ 利用者支援の実践を担う立場から、利用者をとりまく環境の影響についてふれてきたが、第7章を通じて、地域全体の課題について福祉サービスを担う者の役割と機能を理解した。職場のチームリーダーとして、職場の基本理念や対人援助の価値と目標を明確にもつ必要がある。さらに、第7章の大きなテーマとして、チームを円滑に機能させることが含まれる。上司と部下のパイプ役を担い、円滑な業務の遂行に努める。チームリーダーとして成長する過程で実践スキルは、「知っている」「実践できる」「実践している」とステップアップする。つまり、理念や価値を包括的に学び、次に理念や価値にそって実践する方法や技術を学び、そして、学んだ方法や技術を実践するという流れである。チームリーダーは、それを常に考え、実践していることが基本である。

➡ そのためには、自分の所属する分野を超えて他領域についてより理解しなければならないし、協働を進める人的なネットワークもほしい。職場では、対外的な接点にいる立場として橋渡し的な役割もある。また、基本的にはひとつの分野における福祉サービスは、その独立した制度によって運用されているが、「橋渡し」ということは、それを「超える」ということである。わが国は、縦割り行政が顕著であり、横断的に制度運用を進めることが大変に難しい面がある。しかし、利用者の視点からすれば複数の制度を利用できることはとても有益である。

➡ 地域福祉に焦点を当てたとき、職場のチームリーダーは3つの点で「超える」ものがあると理解される。

＊地域のなかの課題として、職場組織全体の役割と機能が見えてくることから職場全体を俯瞰する視点をもつ
＊法人・事業所を超えて職場外との関係に大きく関わる
＊法人・事業所が中心とする分野を超えて他領域との関係に大きく関わる

後進育成 ………………………………………… 連携・協働のスタイル

➡ 初任者は、当面関わる分野の知識・技術の習得に主眼がおかれ、他領域にまで目がいかないかもしれない。後進育成の視点からそれぞれの成長過程を確認しながら、どの段階で何を習得すべきかを意識していただきたい。

➡ 第7章におけるチームリーダーの役割は、職場全体の課題にキーパーソンとして活躍することである。つまり、上司である組織・機関の責任者に進言・提言あるいは提案をし、理解をうながす役割がある。同時に、後進指導という大きな役割がある。それを考えるとやや荷が重いという思いをもたれる人がいるかもしれない。しかし、その役割も連携・協働のかたちで進め、決してひとりで抱え込むものではないと理解していただきたい。

第8章

組織運営管理

組織運営管理への参画と協働

目標

◉チームリーダーは組織の中間管理者として、法人・事業所をとりまく環境を理解し現状の課題を探るとともに、法人・事業所の理念・方針・計画の策定に参画し、自らの担当する職場の方針・計画につなげ、職員とともに目指すサービスの具体化を図らなければならない。

◉チームリーダーは最小単位の職場長であり監督者である。したがって、職場の監督者として知っておくべき基礎的な知識として、人事管理・労務管理、法人・事業所の会計に関する基礎と予算管理、契約等についてさらに理解を広げる必要がある。

◉第8章では、チームリーダーは職場を監督するものとして部下の就労管理を行うにとどまらず、監督者として自身のキャリアと職場のキャリアビジョンの実現を図る。また、管理者の補佐としての役割を行い、部下と上司と同僚を連結するチームリーダーとなることをねらいとしている。

構成

❶ 経営方針を理解し、サービスの展開を描くことができる
❷ 職場の人事制度に精通し、職員が働きやすい環境を整備する
❸ 労務管理・職場管理ができる正確な知識を身につける
❹ 財務管理の基本を理解し、組織の会計管理、契約の基本を学ぶ
❺ 法人・事業所の環境を理解し、職場運営上の問題点を見出す

＊ティータイム＊ ……………………… 職場におけるチームリーダーにありがちな課題とは

1 経営方針を理解し、サービスの展開を描くことができる

1 福祉サービスの基本的理念を再確認する

一般企業であれ公益法人であれ、組織が誕生するにはその組織成立の動機がある。組織のもつ目的や使命である。例えば、企業は「株主のもの」という考えもあるが、顧客に支持されない事業の発展はないわけだから、経営者、利用者、職員、その他あらゆる利害関係者のなかでも最も重要なのは利用者（顧客）である。一般的に経営理念とは、長期的な視点で福祉ニーズ（顧客）や従業員と組織との関係のあるべき姿を伝えるものといえよう。チームリーダーは、この内容を理解し、日々の仕事と関連づけてわかりやすく職員に伝えることができなければならない。

社会福祉法は「福祉サービスの基本的理念」（第3条）として、①「個人の尊厳の保持」、②「利用者が心身ともに健やかに育成され」ること、③「その有する能力に応じ自立した日常生活を営むことができるように支援する」こと（自立支援）をあげている。さらに、地域福祉の推進に努めなければならない（第4条）としている。これらは福祉サービス提供組織の中核である社会福祉法人をはじめ、福祉サービスを提供する全ての組織の基本的理念となるものであるといえよう。

社会福祉法人は本来、社会福祉事業を目的として成立した組織である。社会福祉事業は社会福祉法第2条に列記されている内容に限定されるが、時代が変わり環境が変わることにより、その周辺には潜在的なニーズが生まれてくる。これらも含めたニーズに対応するのが「福祉サービス」である。このため社会福祉法人にはさらに、「無料又は低額な料金」で福祉サービスを提供する「地域における公益的な取組」を実施する責務が課せられている。

2 法人・事業所の理念・方針・計画の策定に参加し、理解し伝えることができる

その基本的理念に基づいて、法人・事業所は自らの組織の経営理念・使命・目的を明確にし、戦略・方針・計画を策定する。時代が大きく変わり、サービスの価値観や利用者のニーズが変化すると、経営理念・使命・目的も時には見直しが必要となる。

◉**戦略策定に関わり、職員に伝える**：経営理念として掲げた理想と、組織の今ある現実とのギャップを埋めるための方法論を示すのが経営戦略である。どのようなギャップがあるのかを明確にする方法として、環境特性分析等の手法がある（本章第5節）。これを用いて法人・事業所の現状における優位性と課題を見つけることが必要である。

今後の事業を展開する領域（ドメイン）の決定、利用者に対して他組織がまねのできない価値と最も競争優位な手段（コア・コンピタンス）の選択、どのような事業の組み合わせ（事業ポートフォリオ）にするのか、最適化のための経営資源の配分、などを組み立てていくことが戦略策定である。

そこから法人・事業所としての3〜5年にわたる中長期的な行動計画を立てる。これに基づいて、大きな方向性である方針を示し、それをより具体化するための短期事業計画を立てる。短期事業計画は、通常の会計年度における1年間の事業計画である（**図表8－1参照**）。

チームリーダーは、法人・事業所等のこれらの過程に参画し、その内容をよく理解し、これを担当する組織の職員にわかりやすく伝えることが重要な役割となる。

3 法人・事業所の方針・計画にそって自分の職場の方針・計画をつくる

さらにチームリーダーは、法人・事業所としての方針・計画にそって自分の担当する職場の方針・計画をつくることが必要である。年度計画は、年度末にだけでなく、P→D→C→Aのサイクルを意識し、年度の中間で評価や見直しをする等の過程のなかで改善を図ることができる。

4 計画を職員とともに日々の実践で具体化する

事業計画から実効性のある成果に至るためには、職員一人ひとりがより高いサービスレベルを目指して協力関係を構築することが求められる。D（Do：実行）は職場の職員を中心に実施されるので、質のより高いサービスを実現するためには、P（Plan：目標設定、計画の立案）、さらにはC（Check：評価）、そしてA（Act：よい結果を生むための処置）の一連のプロセスの各段階に職員一人ひとりが積極的に参画することが必要となる。利用者により近い視点からの提言が求められるのである。

●図表８－１　事業（経営）戦略／計画策定の主なステップ

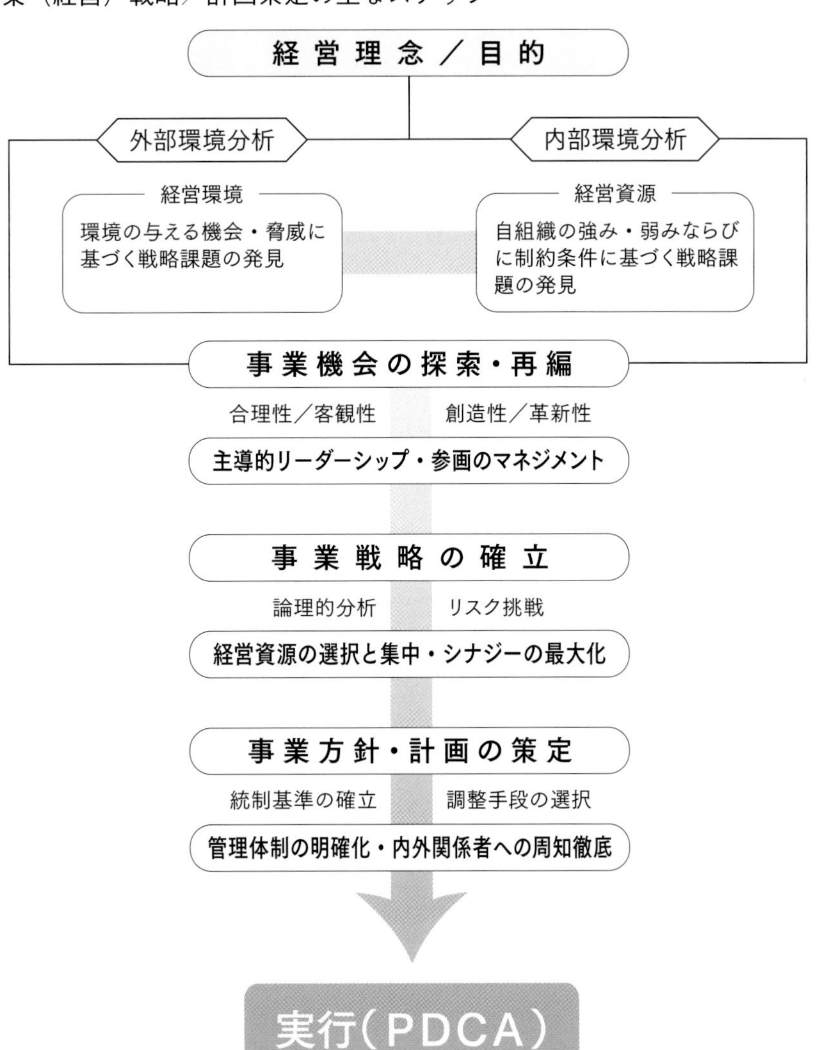

（「福祉職員生涯研修」推進委員会編『福祉職員研修テキスト 管理編』全国社会福祉協議会、2002年、33頁より一部改変）

第8章 組織運営管理

職場の人事制度に精通し、職員が働きやすい環境を整備する

1　職場長として人事管理の中心的な役割を担う

チームリーダーは職場の最前線で監督する役割を負っている。なかでも人事管理は中核の業務で、日々の仕事に関するOJTの実施責任者であり、専門職として部下のスーパーバイザーでもある。特に大切なことは、職場のメンバーが成長するような職場をつくることであり、自らも成長を目指すことである。人事管理の意義をよく理解し、所属する組織の人事制度を熟知し、これを公正に実行する役割を担う。組織の目的達成と職員個々のモチベーションの高揚のために、常に変化する環境に合った人事制度の改革に取り組まなければならないことを自覚する必要がある。

2　福祉サービスにおける人事管理の重要性

福祉はサービスであり、人によって提供される。サービスの量的確保も質的向上も組織と人によるところが大きい。また、福祉サービスは大半が複数のメンバーにより提供されるとともに、医療など関連する専門職とのチームにおいては、専門職のひとりとしてチームの多数の関係者と協働することとなる。集団やチームでのサービス提供の欠点を排除し、利用者のもつ多面的なニーズに応えられるようにしていかなければならない。また、福祉サービスに関わる費用の50～85%（事業種別、規模等により異なる）が人件費で、費用において最も大きな位置を占めるため、人事管理は経営管理上最も重要な要素のひとつである。

3　人事管理の目的を理解する

人事管理とは組織目標の達成に必要な労働力（従業員）を確保し、その合理的な利用を図る管理活動である。Human Resource Managementの訳として、人的資源管理、人材マネジメントともいわれている（**図表8－2参照**）。

◉**必要人員の確保と人件費の管理：**人事管理とは、組織の経営機能であり、そのねらいは第1に組織目標や経営目標の実現であり、そのための必要人員の確保である。

福祉職場では、サービス提供部署において、専門にその業務を担当する必要人数が法令で直接定められている。まずその最低限度の法令遵守要員数の確保が必要である。そのうえで、現在の夜勤体制や今日の業務分担に必要な人員配置、さらには職場で目標とするサービスレベルやサービス戦略を実現するにはどれだけの人員やどのような質の人材が必要かなどを考慮して配置必要人員を決定することになる。

一方、その人員を採用したことによる人件費率、労働生産性などを考慮し、いまの収入構造においてその人件費は適切なのかを判断する必要がある。組織の目標とするサービスのあり方とこれを確保する人数の管理とそのための費用の管理である。

次に、経営目標の実現に向けて生産性の高い組織をつくることであり、その組織を構成する人をつくりだすことである。組織が必要とする人材を外から確保するのが採用、内部から調達し適所に配置するのが、配置・異動・昇進である。さらに、いまある人材を育て質的向上を図るのが能力開発である。

◉**職員のモチベーションを上げる：**第2のねらいは、職員一人ひとりが意欲をもって日々の業務に取り組めるよう、適正な評価と処遇が実現され、ひいてはキャリアを通じて成長し、自己実現できることである。職員のモチベーションが上がること、これは職員個人の問題でもあるが、組織にとっても重要な問題である。職員一人ひとりが仕事を通して自分の働く意義を見つけ、意欲をもって仕事をしてもらえば、組織にとっての生産性向上にもつながる。つまり、よりよい利用者サービスにつながる。人事管理における人事考課、報酬管理、教育訓練は、このねらいをもって行われるものでもある。

4 職員への動機づけを実践する

仕事は組織の目的達成のために行われるものである。しかし、サービスは同じ工程の同じ目的の仕事でも、サービスを提供する職員一人ひとりの態度・技術・意思によって受け手の評価は異なる。上司からの命令だけで動くのではなく、職員一人ひとりが内発的に動機づけられ、組織の目的を理解し自ら意欲的に仕事に取り組むことができれば、より質の高いサービスにつながる。職員のやる気、モチベーションの要因はさまざまである。そのための条件づくりをするのがチームリーダーの役割である（**図表8－3**参照）。

●図表8－2　人事管理（ヒューマンリソースマネジメント）の目的

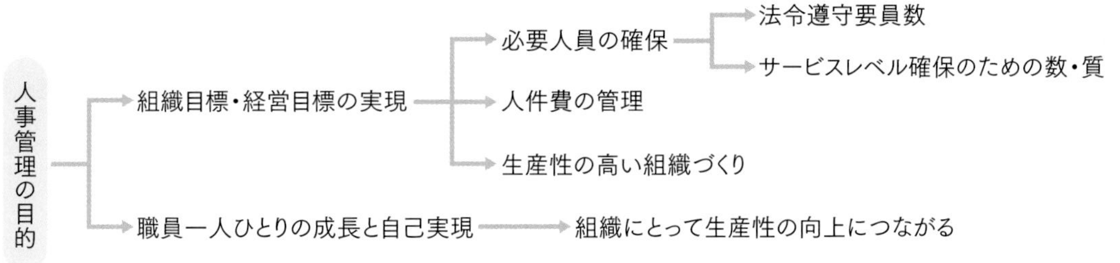

（著者作成）

●図表8－3　魅力ある職場づくり

やりがいを感じて仕事が続けられる

仕事がおもしろい
（魅力ある仕事）

所属する組織の力
・組織の健全性
・組織理念、方針の明確性
・組織基盤
・理念戦略
・事業の社会的貢献度
・経営資源の質
・財務の安定性

働きがい
・責任と権限のバランス
・自己実現
・仕事の達成感
・資格の活用

職員を育成する風土
・人材確保・育成
・個人のキャリア目標

仕事の内容そのもの
・利用者との適切な関係
・サービスの質

働きやすさ
・職場のよい人間関係
・セクハラ等の問題
・心身の健康
・ワークライフバランス（仕事と生活の調和）
・子育てと仕事の両立

人の魅力
・経営陣
・上司／同僚／部下

社会的評価
・所属組織の評価
・自分の専門性の評価
・自分自身の評価

職場における処遇と評価
・適正な労働時間、休暇、休憩
・低すぎない給与
・充実した福利厚生
・適正な評価

（著者作成）

労務管理・職場管理ができる正確な知識を身につける

1 待遇の内容を理解し就労を監督する

労務管理とは、労使関係を中心とした労働条件を含む施策であり、労務管理の主眼は、労働関係法令の遵守と就業規則の適切な運用である。チームリーダーは直接職員と接し、職員の勤務を管理し、教育する監督者である。したがって、具体的な労務管理のあり方について、下記の事例のように労働関係法令を知り組織の就業規則とその運用について熟知しておく必要がある。また下記の事例の他にも退職、解雇、懲戒、育児・介護休業、安全衛生、健康管理などに対応し、適正な労働条件を確保しそれぞれの場面で具体的な判断をできるようにしなければならない。

2 職場での労務管理上の基本的事項を確認する

◉**「命令していない超過勤務は支払わなくてよいか？」**：近年、過労死の問題を契機に「賃金不払い残業」の問題がクローズアップされ、「労働時間の適正な把握のために使用者が講ずべき基準」さらに「賃金不払い残業の解消を図るために講ずべき措置等に関する指針」等が示されている。福祉職場においても不適切な処理として超過勤務の管理が指摘されている。さらに、働き方改革により、法令上臨時的な特別の事情がない限り、時間外労働の上限は原則月45時間、年360時間となりこれを超えることができないこととなった（大企業 2019〔平成31〕年4月～、中小企業 2020〔令和２年〕年4月～）。

超過勤務については、本来、３６（さぶろく）協定〔労働基準法第36条（時間外及び休日の労働）〕を結び、定められた範囲で労働時間の延長を認めている。原則としてはその範囲内で超過勤務命令を出し、超過勤務時間を明確に記録して手当を支払う。例えば、行事等で準備が時間内に終了しないため、業務命令をしていないときでも職員が個々の判断で超過勤務したものについても超過勤務となる（個人的な用事で残っている場合は対象外）。

◉**「パートタイマー等の雇用における注意点は？」**：パートタイム労働者とは、「1週間の所定労働時間が同一の事業所に雇用される通常の労働者の1週間の所定労働時間に比し短い労働者」とパートタイム・有期雇用労働法（「短時間労働者及び有期雇用労働者の雇用管理の改善等に関する法律」）に定義される。この法により、パートタイム・有期雇用労働者の給与や待遇について、通常の労働者との間に不合理な待遇差や差別的な取り扱いを禁止する規定ができた。また、待遇差について事業主に説明を求めることができる（大企業 2020年4月～、中小企業 2021年4月～）。

パートタイム・有期雇用労働者の雇い入れ時の労働条件は、通常の労働者と同じ項目を明示したうえで、①昇給の有無、②退職手当の有無、③賞与の有無、④相談窓口、についても明示しなければならない。

パートタイマーを雇用する場合に、正規職員と異なる待遇があり、就業規則を別に規定する場合はパートタイマーにも適用される就業規則を作成し、届け出る必要がある。

◉**「有期契約の方法は？」**：労働者との有期の契約期間については原則3年（満60歳以上との契約は5年等の特例を除く）以内でなければならない。有期労働契約の締結・更新・雇い止めの基準として、原則として以下の有期労働契約において、更新しないこととする場合、30日前にその旨を予告しなければならない。①3回以上更新の場合、②1年以下の短期契約を反復更新し、初回契約から1年を超えた場合、③1年を超える契約期間の労働契約（有期労働契約の締結、更新及び雇い止めに関する基準）の場合である。

◉**「セクハラとは何か？　どのような対応をすればいいのか？」**：福祉サービスの職場は女性の職員が多い。セクシュアルハラスメントは男女を問わない問題ではあるが、セクシュアルハラスメントを受ける者の大半が女性であることからも、よくその意味を知っておく必要がある。同様に、職場のいわゆるマタニティーハラスメントについても注意が必要である（**図表8－4**参照）。

通常、勤務の場所以外でも、例えば「新人歓迎会」のような勤務時間外でも、実質職場の延長上であれば職場と同等に考えられる。対象となる労働者は正規労働者に限らず、非正規労働者も対象となる。

男女雇用機会均等法に、事業主は「相談に応じ、適切に対応するために必要な体制の整備その他の雇用管理上必要な措置を講じなければならない」と規定されている。これに基づいて、セクハラがあってはならないとの方針を明確にし、就業規則に規定し、相談窓口を明確にし、これを職員に周知しなければならない。また、セクハラが発生した際には、放置せず迅速・適切な対応をとり、プライバシーの保護の措置を取らなければならない。（「事業主が職場における性的な言動に起因する問題に関して雇用管理上講ずべき措置についての指針（平成28年8月2日厚生労働省告示第314号）」）

◉**「パワーハラスメントとは何か？」**：パワーハラスメントとは、「事業主が職場における優越的な関係を背景とした言動に起因する問題に関して雇用管理上講ずべき措置等についての指針（令和2年1月15日付厚生労働省告示第5号）」において**図8－5**のとおり示されている。（**図表8－5**参照）

◉**「職場の安全衛生はどのような体制で行うのか？」**：労働安全衛生法に規定されている職場の安全衛生管理体制は**図表8－6**のようになっている。

●図表8－4　セクシャルハラスメント

<table>
<tr><td rowspan="3">行為者が意図するとせざるとにかかわらず、それを受けた人から性的な言動であると受け止められ、それによって不快を感じ、差別・脅威・屈辱感あるいは不利益をこうむり、また受けた側の働く環境を悪化させること</td><td>「対価型」職場において左記の行為を受けた職員の反応（拒否等）により、解雇・減給・配置転換など客観的に見て不利益を受けること</td></tr>
<tr><td>「環境型」職場において左記の行為の結果職員の就業環境が不快になるなど就業に支障が生じること</td></tr>
<tr><td>他に「身体接触型」「発言型」「視覚型」など</td></tr>
</table>

●図表8－5　職場のパワーハラスメント

<table>
<tr><td>職場において行われるもので、①から③を全て満たすもの
①優越的な関係を背景とした言動
②業務上必要かつ相当な範囲を超えたもの
③労働者の就業環境が害されるもの
　なお、客観的にみて、業務上必要かつ相当な範囲で行われる適正な業務指示や指導については、これに該当しない。</td><td>6つの典型的な行為類型
●身体的な攻撃：暴行・傷害
●精神的な攻撃：脅迫・名誉毀損・侮辱・ひどい暴言
●人間関係からの切り離し：隔離・仲間はずし・無視
●過大な要求：業務上明らかに不要なことや遂行不可能なことの強制、仕事の妨害
●過小な要求：能力や経験とかけ離れた程度の低い仕事を命ずることや仕事を与えないこと
●個の侵害：私的なことに過度に立ち入ること</td></tr>
</table>

●図表8－6　職場の安全衛生管理体制

常時使用する労働者数	体　　制
10人以上50人未満	衛生推進者
50人以上1000人未満	衛生管理者、産業医（嘱託可）、衛生委員会
1000人以上	衛生管理者、産業医（専任）、衛生委員会

（著者作成）

財務管理の基本を理解し、組織の会計管理、契約の基本を学ぶ

1 会計のルール、会計基準、財務諸表を知る

財務管理とは一般的に組織が存続・活動するために、資金をどのように調達し、どのように運用するかの管理を行うことをさす。そのために組織全体の活動を財務面において計画し統制することである。具体的には、財務数値により事業の執行と予算統制、資源を管理するものである。すなわち資金や資産の状況を明確にし、今年度の予算との関係で健全か、中長期的に見て健全な収支のバランスが確保されているかを管理するものであり、これらは会計記録に基づいて行われる。したがって、会計記録がルールに従って作成され信頼される内容であることが前提となる。

◉**「社会福祉法人会計基準」とは**：財務管理を行うためには、組織における会計のルールづくりが必要である。経理規程等がこれにあたる。社会福祉法人においては「社会福祉法人の財務諸表及び附属明細書並びに財産目録の作成の基準を定め、社会福祉法人の健全なる運営に資することを目的」に「社会福祉法人会計基準」(「社会福祉法人会計基準の制定に伴う会計処理等に関する運用上の取扱いについて」)が定められている。各法人には、この社会福祉法人会計基準に則った経理規程の作成・遵守が求められる。計算書類等(**図表8－7参照**)は組織の財産の状況を明らかにし、収支の状況を明らかにするために、最低1年に1度作成しなければならない。これをインターネットで公開し、その法人の財政的な状況を明らかにすると同時に、健全な経営を行うために内部において活用するものである。チームリーダーはこれらに則った管理を行うことが求められる。

社会福祉法人の会計では資金収支計算書で予算を立てるが、これには法人・拠点の活動の統制をするための基準としての役割がある。**図表8－8**に資金収支計算書の構成を示した。チームリーダーは所管する単位組織の毎月の予算の執行状況を把握しておく必要がある。

2 日常の会計記録の重要性を理解する

会計記録は、法人内の情報・資料に基づく信頼性のある内容でなければならない。そのため、正確性、実在性、網羅性、評価の適切性・正当性、権利義務、使途、資産保全等の確認を要する。また、会計担当者には、誠実性、客観性、守秘義務が求められるとともに、組織として会計記録の信頼性を保持するための組織体制を確立する必要がある。担当するチームリーダーや管理職員はこれらが遵守されていることを監督しなければならない。

3 契約の基本を知る

物品の購入等は、良質なものをより安価に購入することが基本である。入札等はそのための方法である。

社会福祉法人は契約にあたり、基本的には一般競争入札によることが「社会福祉法人における入札契約等の取扱いについて」等に定められている。また、「社会福祉法人における入札契約等の取扱い(解説)」が全国社会福祉法人経営者協議会から出されており、具体的な方法を知っておく必要がある。

■**入札（競争入札）**：複数の契約希望者を募り、契約希望者が見積もり金額を記入した札を投票し、予定価格を下回って最も安価に入札した業者が受注することにより契約を決定する方法。

・**一般競争入札**：入札の実施方法として、特に入札参加要件を限定せず、原則として誰でも参加可能な入札方法。発注内容に対する施工能力の審査を設ける「制限付き一般競争入札」等がある。

・**指名競争入札**：発注者が過去の実績や技術力などをもとに入札参加者をあらかじめ名簿等で選定して行う入札制度。一般的な指名競争入札の他に、高度の技術を要する事業でさらに資格審査を厳しく行う「公募型指名競争入札」がある。

■**随意契約**：特に入札を実施せず、3社又は2社以上の業者からの見積もりを徴し個別折衝の折り合いにより受注者を決定し締結した契約、契約方法をいう。その他特定の一事業者を指名して行う「特命随意契約」、競争入札の結果として落札者がいない場合の「不落随意契約」等がある。

●図表8－7　計算書類等（財務諸表および付属明細書、財産目録）

計算書類等
資金収支計算書（C/F：Cash Flow Statement） （資金収支内訳書、事業区分資金収支内訳書、拠点区分資金収支計算書、附属明細書を含む） 当該会計年度における全ての支払資金の増加および減少の状況を明瞭に表示するもの
事業活動計算書（P/L：Profit & Loss Statement） （事業活動内訳書、事業区分事業活動内訳書、拠点区分事業活動計算書、附属明細書を含む） 当該会計年度における純資産の全ての増減内容を明瞭に表示するもの
貸借対照表（B/S：Balance Sheet） （法人全体事業区分別貸借対照表内訳書、事業区分貸借対照表内訳書、拠点区分貸借対照表を含む） 当該会計年度末現在における全ての資産および負債につき、その名称、数量、金額等を詳細に表示するもの
財産目録 当該会計年度末現在における全ての資産、負債および純資産の状態を明瞭に表示するもの

（著者作成）

●図表8－8　資金収支計算書の構成

事業活動による収支	事業活動収入	①
	事業活動支出	②
	事業活動資金収支差額	③（＝①－②）
施設整備等による収支	施設整備等収入	④
	施設整備等支出	⑤
	施設整備等資金収支差額	⑥（＝④－⑤）
その他の活動による収支	その他の活動収入	⑦
	その他の活動支出	⑧
	その他の活動資金収支差額	⑨（＝⑦－⑧）
予備費支出		⑩
当期資金収支差額合計		⑪（＝③＋⑥＋⑨－⑩）
前期末支払資金残高		⑫
当期末支払資金残高		⑬（＝⑪＋⑫）

（本田親彦監修『新社会福祉法人会計基準 詳解』全国社会福祉協議会、2012年、66頁）

法人・事業所の環境を理解し、職場運営上の問題点を見出す

1 法人・事業所のリスクを知る

福祉サービスにおいてリスクマネジメントというと、サービス提供上の事故を回避するための管理といった捉え方が一般的である。しかし、これ以外にも福祉サービスを提供する法人・事業所においてはさまざまなリスクが存在する（**図表8－9参照**）。組織がこうむる危険性のあるリスクを特定し、その影響を最小限にするための活動を最小の負担で実行することをリスクマネジメントという。そしてこの活動が経営管理の大きな部分を占めるものである。

2 リスクマネジメントを職場で実現する

リスクマネジメントにおいては、まず日常的に業務全般にわたりそれぞれの担当部署が価値観を共有し、研修等を通してその部署に必要な知識と技術を向上させることが基本となる。その具体的な方法として、まず業務を標準化し最低限守るべき内容を職員全体が実行できるようになることである。日常業務においては、問題が起きてから対応するというのではなく予防的にリスク回避に努めることが求められる。そのために日常業務の改善・改革の意識をもち、積極的にこれに取り組むことがチームリーダーの役割である。問題が発生したとき、その問題を起こした個人の問題に限定するのではなく、組織全体として取り組むことができるような、職場風土の改善を目指していきたい。

3 環境分析により現状の課題を探る

職場の現実を正確に把握する方法として環境分析がある。法人・事業所の外部と内部の環境に着目した、外部環境・内部環境分析の方法として次のようなものがある。

◉**3Ｃ分析**：市場・顧客（Customer）、競合（Competitor）、自社（Company）の頭文字を取って３Ｃ分析という。市場＝サービスを買う意思や能力のある潜在顧客の把握、競合＝競争状態や競争相手の把握は、外部環境の分析である。一方、自社＝自社の経営資源や企業活動を定性的・定量的に把握するのは内部環境分析である。

◉**SWOT分析（強み弱み分析）**：まず外部環境分析として外部環境における事業の機会（Opportunity）を探り、将来発生しそうな自組織にとっての脅威（Threat）を識別する。また、内部環境分析は、法人・事業所内、特に経営資源に目を向け、自組織のもつ強み（Strength）と弱み（Weakness）を把握する。その結果、市場における機会と脅威に対して自組織の強みを生かし弱みを克服するにはどうすべきかを考え自組織の機会を見つけだす。

各法人・事業所で行うSWOT分析のために、福祉サービスにおける外部環境・内部環境分析の視点をあげてみた（**図表8－10参照**）。各環境の機会、脅威、強み、弱みを抽出したうえで、その4つの特性から見出しうる自分たちの組織の課題を探ってみたい（**図表8－11参照**）。

4 発生した問題に対処する

不幸にしてなんらかの事故が発生してしまったときには、①利用者の救命や安全確保を最優先する、②個人が起こした事故でも、単に個人の問題としてではなく組織全体で対応する、③事実を正確に調査・整理し、事実と経過の正確な記録をつける、④情報が混乱しないように対応窓口を一本化し、その責任者を明確にし、判断・指示・命令の一本化を図るなどの対応策が必要である。そして、それらは事前に対応をシミュレーションし、対応の手順、記録の方法、責任者等の役割分担などを決めておくことが求められる。

●図表8－9　福祉サービス経営管理上のリスク

発生要因	損失の発生形態例
1　サービス提供	業務遂行上のミス・管理監督不足による利用者事故、人権侵害、職員の不法行為、集団食中毒、感染（インフルエンザ・疥癬（かいせん）・MRSA・ノロウイルス等）、施設・設備・備品の不備・欠陥
2　災害・事故・犯罪	火災、地震、落雷、風水害、盗難、交通事故、システム障害、個人情報の流出、役職員の不正・犯罪
3　財務	キャッシュフロー、報酬の減算（法令等条件の不足、不備）
4　人事労務	人材不足、雇用・待遇問題、労使紛争、セクシュアルハラスメント、パワーハラスメント、労働災害
5　政治・経済・社会	法律・制度改正、規制緩和・強化、金利の変動、ペイオフ、景気変動、少子高齢化、都市化・過疎化

（著者作成）

●図表8－10　SWOT分析の視点

1. 外部環境特性
①社会環境　②政治、経済、行政環境　③ユーザー（市場・準市場）環境
④競合環境　⑤技術、情報環境

2. 内部環境特性
①組織単位の使命・目的・目標　②組織的資源　③人的資源
④物的資源　⑤財務的資源　⑥情報的資源
⑦仕組みと風土　⑧サービスの質

（著者作成）

●図表8－11　SWOT分析による課題の明確化

	機会 (Opportunity)	脅威 (Threat)
強み (Strength)	①強み×機会 自法人の強みで取り込むことのできる事業機会は何か	②強み×脅威 他法人には脅威でも自法人の強みで事業機会にできないか
弱み (Weakness)	③弱み×機会 自法人の弱みで事業機会を取りこぼさないためには何が必要か	④弱み×脅威 脅威と自法人の弱みが重なって最悪の事態を招かないためにはどうすべきか

（宮田裕司編『社会福祉施設経営管理論2020』全国社会福祉協議会、2020年、91頁）

前巻までのポイント

組織運営管理

以下の内容は、『福祉職員キャリアパス対応生涯研修課程テキスト』〔初任者・中堅職員編〕の第8章のポイントを抜粋したものです。

1 組織とは【初任者編・第8章第1節】

■2人以上の人々の意識的に調整された活動や諸力の体系

2 集団とは【初任者編・第8章第1節】

■特定の目的を達成するために集まった複数の個人の集まり

3 組織の構造【初任者編・第8章第1節】

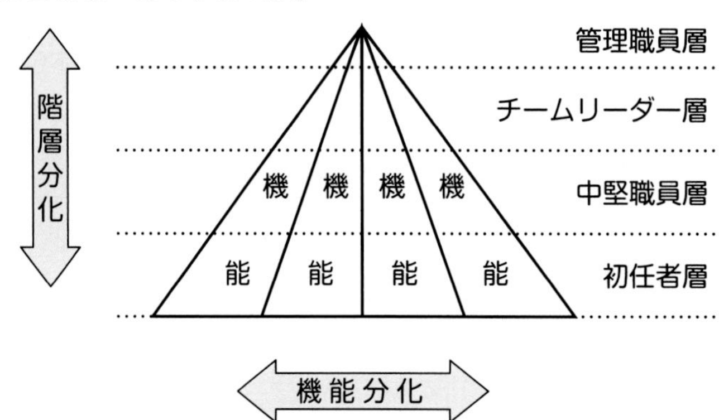

（「福祉職員生涯研修」推進委員会編『福祉職員研修テキスト 基礎編』全国社会福祉協議会、2002年、29頁より一部改変）

4 組織人としての基本的な意識と行動基準【初任者編・第8章第4節】

●利用者（顧客）意識	常に利用者（顧客）のニーズに目を向け、満足を提供する ・ニーズに対応したサービスの提供　・サービスの質の向上
●責任意識	自分の担当業務は責任をもって確実に遂行する ・業務標準の習得と実践　・仕事の当事者意識の強化
●規律意識	集団としての秩序の維持、正しい業務遂行と効果性の追求 ・集団としての規範やルールの遵守　・現有資源の有効活用
●協調意識	他者や他部門にも積極的に関心をもち、協力する ・チームワークの推進　・他部門との連携
●効率意識	仕事の目的を明確化し、ムリ・ムダ・ムラをなくす ・定石（じょうせき）にかなった業務遂行　・計画に基づく効率的活動
●原価意識	最小の費用で大きな効果を上げるための能率的な仕事 ・時間効率を考えた作業標準　・共用管理標準の徹底
●改善意識	創意と工夫により改善を考え、常に進歩を求める ・標準化基準の見直し　・状況に適合する標準設定
●専門意識	福祉サービスの専門職としての健全な自信と使命の遂行 ・たゆまぬ自己研鑽と能力開発　・職業倫理の遵守

（「福祉職員生涯研修」推進委員会編『福祉職員研修テキスト 基礎編』全国社会福祉協議会、2002年、27頁）

5 福祉職場の職員をとりまく組織やルール【中堅職員編・第8章第1節】

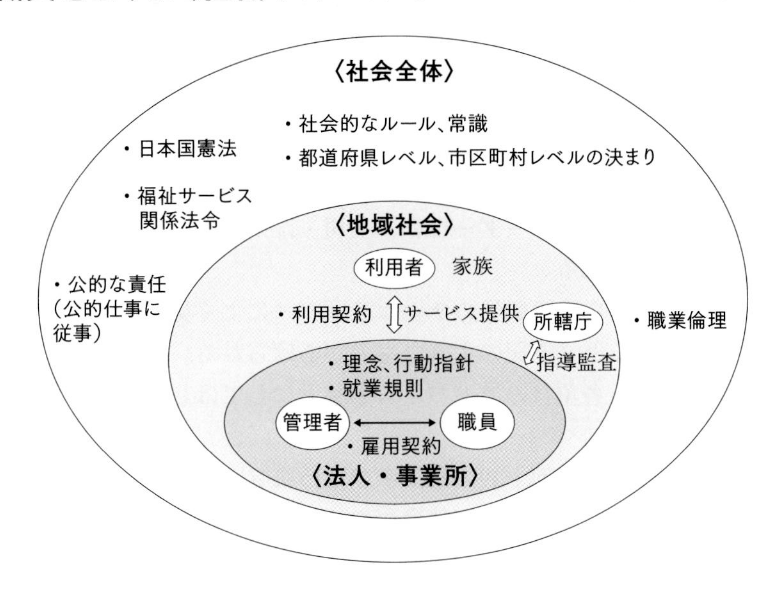

（著者作成）

6 労働契約と就業規則【初任者編・第8章第3節】

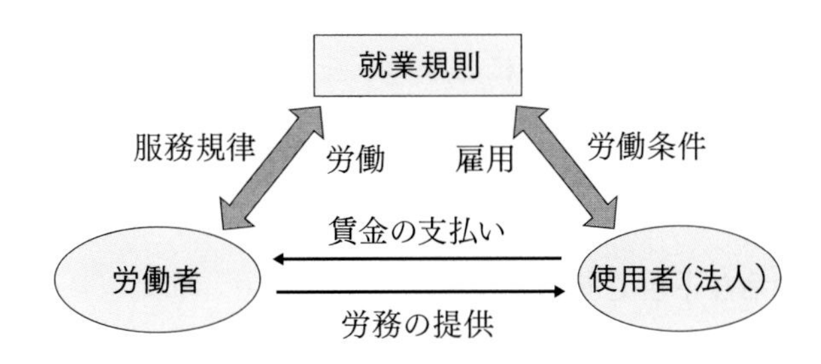

（著者作成）

7 就業規則に記載する事項【初任者編・第8章第3節】

区分	項目	事項
必ず記載しなければならない事項（絶対的必要記載事項）労基法第89① 1～3号	労働時間等	始業と終業の時刻
		休憩時間
		休　日
		休　暇
		交替制勤務の場合の就業時転換に関する事項
	賃金	賃金（臨時の賃金等を除く）の決定の方法
		〃　〃　計算の方法
		〃　〃　支払の方法
		〃　〃　締切りの時期
		〃　〃　支払の時期
		〃　〃　昇給に関する事項
	退職・解雇	退職に関する事項
		解雇の事由に関する事項
定めをした場合は必ず記載しなければならない事項（相対的必要記載事項）労基法第89① 3号の2～10号	退職手当	適用される労働者の範囲
		退職手当の決定の方法
		〃　計算の方法
		〃　支払の方法
		〃　支払の時期
	臨時の賃金等（退職手当を除く）に関する事項	
	最低賃金額に関する事項	
	食費、作業用品その他の負担に関する事項	
	安全、衛生に関する事項	
	職業訓練に関する事項	
	災害補償、業務外の傷病扶助に関する事項	
	表彰、制裁の種類と程度に関する事項	
	その他の全員に適用される事項	

（（公社）全国労働基準関係団体連合会編『改訂増補2版やさしい職場の人事労務と安全衛生の基本』2017年、31頁）

ティータイム

職場におけるチームリーダーにありがちな課題とは

福祉サービスに限らず、チームリーダーには、上司・部下からの期待が大きい。だが、期待されるがゆえに課題も多く指摘される。

福祉職場の管理職員に「あなたの職場のチームリーダーによく見られる問題には、どのようなものがありますか」と質問すると、下記のようなものがあげられる。

これらへの対応について、各項目のアドバイスを参考にしてほしい。

①仕事を自分で抱え込みがちで、部下や後輩にまかせられない。

➡ 誰もが、いままでやって慣れている仕事がやりやすい。しかし、まず自分自身がチームリーダーの立場と役割を明確にする必要がある。そして、チーム内の業務分担を整理し、部下や後輩にまかせてもよい仕事の内容を明確にしてみよう。

②部下や後輩の能力アップのための配慮、部下の長所を伸ばす技術が欠けている。

➡ 業務のなかのOJTの考え方を明確にしよう。そして、初任者には組織の価値を示して共有化し、具体的な行動レベルで教えよう。中堅職員には、個々の育成課題を明確にし、本人と共有しよう。

③部下に対する指示・命令が下手である。

➡ 「部下に嫌われたくない」というような考えは捨て、指示・命令することは自分の分担する仕事であるとの認識を持とう。指示命令は、5W2Hのポイントを押さえた内容にするよう心がけよう。

④責任者・指導者としての自信がない。

⑤リーダーシップを発揮できない。

➡ 新任のチームリーダーで初めからその資質を備えている人は少ない。まずは、担当チームの業務の隅々まで、職員のすべき業務の内容を知ろう。そして、マネジメントの基礎、特に人事管理、人材育成の基礎を身につけることを当面の目標にしよう。

⑥上司の補佐機能が遂行できていない。

➡ 担当する職場に限らず、自分の所属する組織全体の業務やその現状に関心を持ち、上司の業務内容にも関心を持とう。まずは、上司の方針を理解し、報告・連絡・相談すること、必要に応じて代役を引き受けるなど、すすんでチームワークに貢献しよう。

いずれにも共通しているのは、職場におけるチームリーダーとしての役割、特に、組織運営管理といった視点での知識・技術が不足しているということである。

つまり、いままで職場において、そのような組織運営に関する基礎的な教育が、初任者、中堅職員時代に不十分であったということであろう。チームリーダーになって突然管理的な業務を十分に果たせるものではない。このことは一職場の問題や一事業所、一法人の問題だけではなく、福祉サービス業界全体に言えることでもある。

参考文献

- 「福祉職員生涯研修」推進委員会編『福祉職員研修テキスト 基礎編・指導編・管理編』全国社会福祉協議会、2002年
- 浦野正男編『社会福祉施設経営管理論』全国社会福祉協議会、2017年
- 産業・組織心理学会編『産業・組織心理学ハンドブック』丸善、2009年
- 金井壽宏『働くひとのためのキャリア・デザイン』PHP研究所、2002年
- 二村英幸『個と組織を生かすキャリア発達の心理学』金子書房、2009年
- E.H.シャイン、二村敏子・三善勝代訳『キャリア・ダイナミクス』白桃書房、1991年
- シェイン、松井賚夫訳『組織心理学』岩波書店、1966年
- 古川久敬『チームマネジメント』日本経済新聞社、2004年
- 津田耕一『福祉職員研修ハンドブック』ミネルヴァ書房、2011年
- エイデル研究所福祉経営支援部編『福祉職場の人材マネジメント』エイデル研究所、2009年
- 宮崎民雄『福祉職場のマネジメント』エイデル研究所、2002年
- 宮崎民雄監修『改訂　福祉の「職場研修」マニュアル』全国社会福祉協議会、2016年
- 宮崎民雄『福祉職場のOJTとリーダーシップ（改訂版）』エイデル研究所、2009年
- 山田雄一『研修指導論』産業労働調査所、1987年
- P.F.ドラッカー、上田惇生訳『非営利組織の経営』ダイヤモンド社、2007年
- P.F.ドラッカー、上田惇生訳『マネジメント【エッセンシャル版】』ダイヤモンド社、2001年
- 柴山盛生、遠山紘司『問題解決の進め方』NHK出版、2012年
- 高橋誠『問題解決手法の知識〈第2版〉』日経文庫、日本経済新聞社、1999年
- ㈱日本能率協会コンサルティング『問題を整理し、分析する技術［新版］』日本能率協会マネジメントセンター、2012年
- 川喜田二郎『発想法』中公文庫、中央公論社、1967年
- 川喜田二郎『続・発想法』中公文庫、中央公論社、1970年
- 福山和女『ソーシャルワークのスーパービジョン』ミネルヴァ書房、2005年
- 伊丹敬之、加護野忠男『ゼミナール経営学入門』日本経済新聞社、2003年
- トム・ピーターズ、ロバート・ウォーターマン、大前研一訳『エクセレント・カンパニー』英治出版、2003年
- ピーター・M・センゲ、守部信之他訳『最強組織の法則－新時代のチームワークとは何か』徳間書店、1995年
- 阿部志郎、河幹夫『人と社会－福祉の心と哲学の丘』中央法規出版、2008年
- 岡田進一『介護関係者のためのチームアプローチ』ワールドプランニング、2008年
- 埼玉県立大学編『IPWを学ぶ－利用者中心の保健医療福祉連携』中央法規出版、2009年
- 日本社会福祉士会、日本医療社会事業協会『保健医療ソーシャルワーク実践2改訂』中央法規出版、2009年
- 篠田道子『多職種連携を高めるチームマネジメントの知識とスキル』医学書院、2011年
- 石川和幸『チームマネジメント成功のしかけ』中経出版、2009年
- 堀公俊『チーム・ファシリテーション』朝日新聞出版、2010年
- 社会福祉施設・事業者のための労働基準法等Q&A編集委員会『社会福祉施設・事業者のための労働基準法、育休・介休法、均等法等Q&A』東京都社会福祉協議会、2012年
- 本田親彦監修『新社会福祉法人会計基準 詳解』全国社会福祉協議会、2012年
- 村岡裕『介護施設で使える「マニュアル（業務手順書）はこうして作る！」基礎編』筒井書房、2012年
- 京極髙宣『福祉法人の経営戦略』中央法規出版、2017年

福祉職員
キャリアパス対応生涯研修課程
チームリーダーコース

事前学習およびプロフィールシート

- すでにお申し込みいただいております「福祉職員キャリアパス対応生涯研修課程」チームリーダーコースの受講にあたって、研修機会を有効に活用し、研修成果を高めるために、次頁以降の「事前学習およびプロフィールシート」にお取り組みください。

- 本シートへの取り組みは、研修受講の必須条件となります。本シートの内容は、面接授業の際の課題研究（ワークショップ）の素材として活用します。テキストを参照しながら記述してください。

- 職場の上司にコメントを記述していただいたうえで、コピーを８部とり、研修会当日持参し、２部を受付時にご提出ください。６部はワークショップで活用します。

受講番号	
氏　　名	

Ⅰ　テキストの事前学習シート

氏　名	

課題　研修テキスト「福祉職員キャリアパス対応生涯研修課程　チームリーダー編」を熟読し、第１章～第８章までの内容について、あなたが重要と感じたポイントをそれぞれ２項目ずつ要約し、サービス実践やチーム活動においてどのように生かすかを記述してください（主な該当頁があれば記入してください）。

章	頁	重要と感じたポイント（内容の要約）	活用の視点（どのように活用するか）
第１章			
第２章			
第３章			
第４章			
第５章			
第６章			
第７章			
第８章			

Ⅱ　自己のプロフィールシート

所属・氏名	

下記の点について、お答えください（記入できる部分で差し支えありません）

1. 現在の職場の概要と職務内容（法人や事業所の概要・理念やサービス目標・職員数・担当する職務等）
〈本研修への参加について〉 □①法人・事業所の上司等からの指示で参加（職務命令） □②法人・事業所の上司等からの推薦で参加（任意参加） □③自己研鑽の一環として自ら進んで参加（経費等の支援を受けて） □④自己研鑽の一環として自ら進んで参加（経費等は自己負担） □⑤その他（　　　　　　　　　　　　　　　　　　　　　　　　）

2. 福祉の仕事に就職した動機とこれまでのキャリア

3. これまでの仕事を振り返って感じること（取り組みとその成果）	
①評価できる取り組みや成果	②不十分だと感じる取り組みや成果

4. 目指したい職業人としての自己イメージ４つの問い（テキスト第１章参照）	
①できることは何か（能力・持ち味）	②やりたいことは何か（欲求・動機）
③意味を感じることは何か（志・価値観）	④どのような関係をつくり、生かしたいか（関係性）

5. チームリーダーとして大切にしたいこと・目指したいこと	
①利用者や家族に対して	②組織やチームのメンバーに対して
③地域や関係機関との関わりについて	④自身の能力開発や資格取得について

Ⅲ　上司コメント（上記の内容をお読みいただき、下記の欄にコメントをお願いいたします。）

●本人の持ち味、本人への期待について	
本人の持ち味（プラス面、強み）について	本人への期待について

コメント	所属：	
	役職：	氏名：

私のキャリアデザインシート（挑戦目標とアクションプラン）

所属＿＿＿＿＿＿＿＿　氏名＿＿＿＿＿＿＿＿　作成日　　年　　月　　日

1. この研修で学んだこと、気づいたこと（箇条書きに記述する）

2. 目指したい職業人としての自己イメージ（4つの問い）	
①できることは何か（持ち味・能力）	②やりたいことは何か（動機・欲求）
③意味を感じることは何か（志・価値観）	④どのような関係をつくり、生かしたいか（関係性）

3. 私のキャリアメッセージ（いまの気持ち、これからの私）

4. 私のキャリアビジョン（5年後、10年後、さらに中長期の視点での職業人生経路の到達イメージ）
①利用者や家族との関わりについて
②組織やチームのメンバーに対して
③地域や関係機関との関わりについて
④自身の能力開発や資格取得について

5. 当面の重点目標とアクションプラン（1年から3年をめどに2～3項目設定する）	
①重点目標（具体的に、明確に）	②アクションプラン （どのレベルまで、いつまでに、どのように等）

6. 上司からのアドバイスコメント（1から5の報告を受け、コメント・励まし、支援等を自由にご記入ください）		
上司 コメント	所属：	役職：
	氏名：	記入日：

[コピー用様式：A3判に拡大して両面コピーし、2つ折りしてご提出ください]

4. 目指したい職業人としての自己イメージ４つの問い（テキスト第１章参照）	
①できることは何か（能力・持ち味）	②やりたいことは何か（欲求・動機）
③意味を感じることは何か（志・価値観）	④どのような関係をつくり、生かしたいか（関係性）

5. チームリーダーとして大切にしたいこと・目指したいこと	
①利用者や家族に対して	②組織やチームのメンバーに対して
③地域や関係機関との関わりについて	④自身の能力開発や資格取得について

Ⅲ　上司コメント（上記の内容をお読みいただき、下記の欄にコメントをお願いいたします。）

●本人の持ち味、本人への期待について		
本人の持ち味（プラス面、強み）について	本人への期待について	
コメント	所属：	
	役職：	氏名：

福祉職員
キャリアパス対応生涯研修課程
チームリーダーコース
事前学習およびプロフィールシート

- すでにお申し込みいただいております「福祉職員キャリアパス対応生涯研修課程」チームリーダーコースの受講にあたって、研修機会を有効に活用し、研修成果を高めるために、次頁以降の「事前学習およびプロフィールシート」にお取り組みください。
- 本シートへの取り組みは、研修受講の必須条件となります。本シートの内容は、面接授業の際の課題研究（ワークショップ）の素材として活用します。テキストを参照しながら記述してください。
- 職場の上司にコメントを記述していただいたうえで、コピーを８部とり、研修会当日持参し、２部を受付時にご提出ください。６部はワークショップで活用します。

受講番号	
氏　名	

※両面コピーする場合は、p.1（シート表紙）の裏にp.3（Ⅰテキストの事前学習シート）がくるようにしてください。

Ⅰ　テキストの事前学習シート

氏　名	

課題　研修テキスト「福祉職員キャリアパス対応生涯研修課程　チームリーダー編」を熟読し、第１章～第８章までの内容について、あなたが重要と感じたポイントをそれぞれ２項目ずつ要約し、サービス実践やチーム活動においてどのように生かすかを記述してください（主な該当頁があれば記入してください）。

章	頁	重要と感じたポイント（内容の要約）	活用の視点（どのように活用するか）
第１章			
第２章			
第３章			
第４章			
第５章			
第６章			
第７章			
第８章			

Ⅱ　自己のプロフィールシート

所属・氏名	

下記の点について、お答えください（記入できる部分で差し支えありません）

1. 現在の職場の概要と職務内容（法人や事業所の概要・理念やサービス目標・職員数・担当する職務等）

〈本研修への参加について〉
□①法人・事業所の上司等からの指示で参加（職務命令）
□②法人・事業所の上司等からの推薦で参加（任意参加）
□③自己研鑽の一環として自ら進んで参加（経費等の支援を受けて）
□④自己研鑽の一環として自ら進んで参加（経費等は自己負担）
□⑤その他（　　　　　　　　　　　　）

2. 福祉の仕事に就職した動機とこれまでのキャリア

3. これまでの仕事を振り返って感じること（取り組みとその成果）

①評価できる取り組みや成果	②不十分だと感じる取り組みや成果

福祉職員キャリアパス対応生涯研修課程
テキスト編集委員会 委員名簿

事務局

社会福祉法人全国社会福祉協議会　中央福祉学院
〒240-0197　神奈川県三浦郡葉山町上山口1560－44
電話　046－858－1355

[改訂2版]
福祉職員キャリアパス対応生涯研修課程テキスト
チームリーダー編

発行 ……………… 2013年7月29日　初版第1刷
2018年2月22日　改訂第1版第1刷
2021年6月1日　改訂第2版第1刷
2023年6月30日　改訂第2版第2刷

編集 ……………… 福祉職員キャリアパス対応生涯研修課程テキスト編集委員会

発行者 …………… 笹尾　勝

発行所 …………… 社会福祉法人 全国社会福祉協議会

〒100−8980　東京都千代田区霞が関3−3−2　新霞が関ビル

電話　03-3581-9511　　振替　00160-5-38440

定価 ……………… 定価1,210円（本体1,100円＋税10%）

印刷所 …………… 日経印刷株式会社

ISBN978-4-7935-1371-8 C0336 ¥1100E